El Bosque Animado
WENCESLAO FERNÁNDEZ LÓPEZ

Índice

Estancia I: La Fraga de Cecebre 4

Estancia II: Geraldo y Hermelinda 18

Estancia III: El Alma en Pena de Fiz Cotovelo 34

Estancia IV: El Peregrino Enamorado 44

Estancia V: Las Mujeres Perdidas en el Bosque 60

Estancia VI: El Clan de los Gatos 82

Estancia VII: El Libro de San Ciprián 92

Estancia VIII: Los Trabajos de Pilara 106

Estancia IX: El Pueblo Pardo 120

Estancia X: Primavera en el Pazo 132

Estancia XI: Luna Clara 152

Estancia XII: Nocturnidad 168

Estancia XIII: La Lucecita Pálida 178

Estancia XIV: El Descanso 184

Estancia XV: Un Insecto Sobre el Agua 200

Estancia XVI: El Subterráneo Maravilloso 212

ULTÍLOGO 236

NOTAS 237

Estancia I: La Fraga de Cecebre

La fraga es un tapiz de vida apretado contra las arrugas de la tierra; en sus cuevas se hunde, en sus cerros se eleva, en sus llanos se iguala. Es toda vida: una legua, dos leguas de vida entretejida, cardada, sin agujeros, como una manta fuerte y nueva, de tanto espesor como el que puede medirse desde lo hondo de la guarida del raposo hasta la punta del pino más alto. ¡Señor, si no veis más que vida en torno! Donde fijáis vuestra mirada divisáis ramas estremecidas, troncos recios, verdor; donde fijáis vuestro pie dobláis hierbas que después procuran reincorporarse con el apocado esfuerzo doloroso de hombrecillos desriñonados; donde llevéis vuestra presencia habrá un sobresalto más o menos perceptible de seres que huyen entre el follaje, de alimañas que se refugian en el tojal, de insectos que se deslizan entre vuestros zapatos, con la prisa de todas sus patitas entorpecidas por los obstáculos de aquella selva virgen que para ellos representan los musgos, las zarzas, los brezos, los helechos. El corazón de la tierra siente sobre sí este hervor y este abrigo, y se regocija.

La fraga es un ser hecho de muchos seres. (¿No son también seres nuestras células?) Esa vaga emoción, ese afán de volver la cabeza, esa tentación -tantas veces obedecida- de detenernos a escuchar no sabemos qué, cuando cruzamos entre su luz verdosa, nacen de que el alma de la fraga nos ha envuelto y roza nuestra alma, tan suave, tan levemente corno el humo puede rozar el aire al subir, y lo que en nosotros hay de primitivo, de ligado a una vida ancestral olvidada, lo que hay de animal encorvado, lo que hay de raíz de árbol, lo que hay de rama y de flor y de fruto, y de araña que acecha y de insecto que escapa del monstruoso enemigo tropezando en la tierra, lo que hay de tierra misma, tan viejo, tan oculto, se remueve y se asoma porque oye un idioma que él habló alguna vez y siente que es la llamada de lo fraterno, de una esencia común a todas las vidas.

-¡Espera -nos pide-; déjame escuchar aún, y entenderé!

¡Más está tan lejano aquel recuerdo…! Seguimos nuestra marcha entre la luz verdosa, y al salir bajo el sol, pensamos: «Algo extraño ocurrió; como si intentasen hablarnos y se arrepintiesen».

Nadie puede decir exactamente por qué, y hasta quizá lo negaría, pero todos los espíritus sienten una turbación cuando les envuelve la fraga; los niños no pasan de sus linderos, las muchachas la atraviesan con un recelo palpitante porque se acuerdan por la noche de ese fantasma alto, alto y blanco, blanco, que es la Estadea, y por el día, del sátiro al que los poetas han hecho funerales desde que nadie volvió a verle en las montañas polvorientas de Grecia ni en las florestas de Italia, pero que vive misteriosamente refugiado -con el extraño nombre de Rabeno- en las umbrías de Galicia, sin más cronistas que las viejas y las mozas que hablan de él entre risas y miedos, en la penumbra de la cocina donde arden el tojo y el brezo y las ramas de roble vestidas de musgo gris. Cuando los hombres que van a la feria de Cambre atraviesan la honda corredoira, piensan que es una buena y fanfarrona compañía el ruido que hacen en los guijarros las herraduras de sus caballejos menudos, omnívoros y despeinados, de color guinda en aguardiente, que no galopan nunca, pero no se cansan jamás. Y el señor del pazo, si pasea lentamente por los asombrados veriles, se acuerda de que escribió algunos versos en su juventud, y otras veces medita sin amargura en la muerte.

La fraga es ella misma un ser compuesto de muchos seres. Como la ciudad. Pero es más varia que la ciudad, porque en la ciudad el hombre lo es todo y su carácter se imprime hasta el panorama urbano, y en la fraga el hombre resulta apenas un detalle del que se puede prescindir. Hasta no es muy seguro que el hombre sea también en la fraga la conciencia de la naturaleza, porque cuando el lagarto se queda inmóvil, como una joya verde y añil abandonada sobre una roca, o la urraca se detiene en un árbol a mirar con sus ojos pequeñitos los charcos que brillan y las hojas que tiemblan, o el penacho apretado y tierno de un pino de cuatro años se asoma sobre el tojo, podría jurarse que de alguna manera sienten en su sangre o en su savia la dulzura, el misterio y el encanto de aquel lugar.

Éste es el libro de la fraga de Cecebre.

San Salvador de Cecebre es una parroquia de Galicia, rugosa, frondosa y amena. Para representar gráficamente su suelo bastaría entrecruzar los dedos de ambas manos, que así se entrecruzan sus montes, todos verdes y de pendientes suaves. Ni llanuras ni tierras ociosas. Gente honesta que no desdeña ni el vino nuevo ni las costumbres antiguas, y cuyo vago amor a lo extraordinario les impele a buscar en el Santoral los nombres que juzgan más infrecuentes o más bellos al bautizar a sus hijos. Parece que está en el fin del mundo, pero en los días de noroeste el aullido de las sirenas de los transatlánticos que anclan en La Corana llega hasta allí, salvando quince kilómetros, y aviva en el alma de los labriegos esa ansia de irse que empujó a los celtas por toda Europa en siglos de penumbra, y los reparte hoy por ambos hemisferios.

En el idioma de Castilla, fraga quiere decir breñal, lugar escabroso poblado de maleza y de peñas. Pero tal interpretación os desorientaría, porque fraga, en la lengua gallega, significa bosque inculto, entregado a sí mismo, en el que se mezclan variadas especies de árboles. Si fuese sólo de pinos o sólo de castaños o sólo de robles, sería un bosque, pero ya no sería una fraga.

Cuando un hombre consigue llevar a la fraga un alma atenta, vertida hacia fuera, en estado -aunque transitorio- de novedad, se entera de muchas historias. No hay que hacer otra cosa que mirar y escuchar, con aquella ternura y aquella emoción y aquel afán y aquel miedo de saber que hay en el espíritu de los niños. Entonces se comprende que existe otra alma allí, infinitas almas; que está animado el bosque entero; almas infantiles también, pequeñitas y variadas, como mariposas, y que se entienden, sin hablar, con la nuestra, como se entienden entre sí los niños pequeñitos que tampoco saben hablar. Pero los hombres suelen llevar rayada ya -como un disco gramofónico- la superficie endurecida de su ánimo, con sus lecturas y sus meditaciones, con sus placeres y sus ocupaciones, con sus cariños y sus aborrecimientos. Y van de aquí para allá, pero siempre suenan lo mismo, como sonaría el disco en aparatos diversos, y ellos no pueden escuchar nunca más que la propia voz de su vida ya cuajada. Es en vano que pasen de la montaña al mar o de las calles asfaltadas a los senderillos aldeanos, porque la aguja de cualquier emoción correrá fatalmente por las rayitas de su alegría o de su desgracia y sonará la canción de siempre. Si esos hombres se asoman a la fraga, piensan que el aire es bueno de respirar, o en cuánto dinero producirá la madera, o en la dulzura de pasear entre la sombra verde con su amada, o en devorar una comida sobre el musgo, cerca del manantial donde pondrían a refrescar las botellas. Nada más pensarían, y en nada de ello estaría la fraga, sino ellos. ¡Triste obsesión que hace tan pequeños los horizontes de la vida como el redondel de un disco! ¡Yo, yo, yo!, va raspando la aguja hasta ese final que copia tan bien los estertores humanos.

Éste es el libro de la fraga de Cecebre. Si alguno de esos hombres llega a hojearlo, ¿podrá encontrar la ternura un poco infantil necesaria para gustar sus historias?

Pero también hubo en la fraga un personaje solemne, con alma desdeñosa y seca. Veréis:

Los árboles tienen sus luchas. Los mayores asombran a los pequeños, que crecen entonces con prisa para hacerse pronto dueños de su ración de sol, y al esparcir las raíces bajo la tierra, hay algunos quizá demasiado codiciosos que estorban a los demás en su legítimo empeño de alimentarse. Pero entre todos los seres vivos de la fraga son los más pacíficos, los más bondadosos, los que poseen un alma más sencilla e ingenua. Conviene saber que carecen absolutamente de vanidad. Nacen en cualquier parte e ignoran que sólo por el hecho de crecer allí, aquel lugar queda embellecido. No se aburren nunca porque no miran a la tierra, sino al cielo, y el cielo cambia tanto, según las horas y según las nubes, que jamás es igual a sí mismo. Cuando los hombres buscan la diversidad, viajan. Los árboles satisfacen ese afán sin moverse. Es la diversidad la que se aviene a pasar incesantemente sobre sus copas.

Ellos son también la diversidad. Como quiera que se agrupen, siempre forman un conjunto armonioso, y hasta los que nacen aislados en la campiña o sobre los cerros parecen tener una profunda significación que emociona el espíritu. Si los troncos son rectos, nos impresiona su esbeltez; si torcidos y atormentados, no deja de haber en ellos una sugerida belleza, algo que los humaniza, ante nuestros ojos. Según avanzamos por un bosque, la alineación de sus árboles, el perfil del ramaje, el artesonado de las hojas cambia y el panorama se renueva incesantemente con perspectivas en que las formas se conjugan en modos infinitos, como los hombres no han acertado a conseguir ni en el más complicado y fastuoso de los bailes.

La Desgracia -que conoce todos los caminos del mundo- pone también, a veces, sus lentos pies en los senderos del bosque. Es cuando acuden los leñadores con sus hachas de largo mango, o cuando el furioso vendaval apoya su espalda en la tupida fronda y empuja hasta sentir el crujido mortal del tronco, o cuando el ascua desprendida de una locomotora hace nacer entre la hierba seca una lengüecilla roja que después se multiplica y crece y corre y se eleva hasta colgarse de las ramas que se retuercen y chisporrotean y abaten. Pero todo esto es infrecuente y la calma feliz es la habitual moradora de la fraga.

Los árboles ejercitan distracciones, tan inocentes como ellos mismos, que no conocen el mal. Especialmente les gusta cantar, y cantan en coro las pocas canciones que han logrado componer. Como todas las plantas, aman intensamente el agua y a ensalzarla dedican sus mejores sinfonías, que son dos y las podéis oír en todos los bosques del mundo: una imita el ruido de la lluvia sobre el ramaje y la otra copia el rumor de un mar lejano. Alguna vez, en la penumbra de una arboleda, os habrá sorprendido el son de un aguacero que, distante al principio, va acercándose hasta pasar sobre vuestra cabeza; miráis al cielo por los intersticios del verdor, y está limpio y azul: ni una gota desciende a humedecer la tierra, pero el sonido continúa y se aleja y vuelve… Si entonces observáis las ramas, veréis hojas estremecidas como la garganta de un cantor. Los árboles han iniciado su orfeón. ¿Cuál de ellos ha comenzado? ¿Es aquella alta copa, visible sobre todas las sumidades, la que marca el compás y dirige el coro con su casi imperceptible balanceo? Los hombres no podemos adivinarlo. Otras veces se hace audible en el bosque el fragor -muy remoto- de un mar embravecido, el rodar de las olas desmelenadas y su choque sonoro contra los arrecifes. Juraríais que el océano abre sus llanuras poco más allá de la floresta, y sin embargo os separan de él muchos kilómetros; pero los pinos rodenos que viven en los acantilados han aprendido su canción y se la enseñaron a los demás árboles. Tan bien la saben que no falta ni el silbido del viento en las cuerdas de los navíos ni el correr del agua por la playa, que evoca el rasgarse de una tela sedosa.

Un día llegaron unos hombres a la fraga de Cecebre, abrieron un agujero, clavaron un poste y lo aseguraron apisonando guijarros y tierra a su alrededor. Subieron luego por él, prendiéronle varios hilos metálicos y se marcharon para continuar el tendido de la línea.

Las plantas que había en torno del reciente huésped de la fraga permanecieron durante varios días cohibidas con su presencia, porque ya se ha dicho que su timidez es muy grande. Al fin, la que estaba más cerca de él, que era un pino alto, alto, recio y recto, dijo:

—Han plantado un nuevo árbol en la fraga.

Y la noticia, propagada por las hojas del eucalipto que rozaban al pino, y por las del castaño que rozaban al eucalipto, y por las del roble que tocaban las del castaño, y las del abedul que se mezclaban con las del roble, se extendió por toda la espesura. Los troncos más elevados miraban por encima de las copas de los demás, y cuando el viento separaba la fronda, los más apartados se asomaban para mirar.

—¿Cómo es? ¿Cómo es?

—Pues es —dijo el pino— de una especie muy rara. Tiene el tronco negro hasta más de una vara sobre la tierra, y después parece de un blanco grisáceo. Resulta muy elegante.

—¡Es muy elegante, muy elegante! —transmitieron unas hojas a otras.

—Sus frutos —continuó el pino fijándose en los aisladores— son blancos como las piedras de cuarzo y más lisos y más brillantes que las hojas del acebo.

Dejó que la noticia llegase a los confines de la fraga y siguió:

—Sus ramas son delgadísimas y tan largas que no puedo ver dónde terminan. Ocho se extienden hacia donde el sol nace y ocho hacia donde el sol muere. Ni se tuercen ni se desmayan, y es imposible distinguir en ellas un nudo, ni una hoja ni un brote. Pienso que quizá no sea ésta su época de retoñar, pero no lo sé. Nunca vi un árbol parecido.

Todas las plantas del bosque comentaron al nuevo vecino y convinieron en que debía de tratarse de un ejemplar muy importante. Una zarza que se apresuró a enroscarse en él declaró que en su interior se escuchaban vibraciones, algo así como un timbre que sonase a gran distancia, como un temblor metálico del que no era capaz de dar una descripción más precisa porque no había oído nada semejante en los demás troncos a los que se había arrimado. Y esto aumentó el respeto en los otros árboles y el orgullo de tenerlo entre ellos.

Ninguno se atrevía a dirigirse a él, y él, tieso, rígido, no parecía haber notado las presencias ajenas. Pero una tarde de mayo el pino alto, recio y recto se decidió… sin saber como. Su tronco era magnífico y valía muy bien veinte duros, aunque él ni siquiera lo sospechaba y acaso, de saberlo, tampoco cambiase su carácter humilde y sencillo. El caso es que aquella tarde fue la más hermosa de la primavera; las hojas, de un verde nuevo, eran grandes ya y cumplían sus funciones con el vigor de órganos juveniles; la savia recogía del suelo húmedo sustancias embriagadoras; todo el campo estaba lleno de flores silvestres y unas nubecillas se iban aproximando con lentitud al Poniente, preparándose para organizar una fiesta de colores al marcharse el sol. Quiso la suerte que una leve brisa acudiese a meter sus dedos suaves entre la cabellera de la fronda, tupida y olorosa como la de una novia, y bajo aquella caricia la fraga ronroneó un poquito, igual que un gato al que rascasen la cabeza, y luego se puso a cantar.

Como estaba contenta y en la plenitud de su vigor, prefirió de su repertorio una canción burlesca: la que copia el atenuado fragor del tren cuando avanza, todavía muy lejos, entre los pinares de Guísamo. Es la que más divierte a los árboles, porque lo imitan tan bien que muchos aldeanos que pasan por las veredas se dan a correr al escucharla, creyendo que el convoy está próximo y que les será difícil alcanzarlo. Con esto los árboles gozan como niños traviesos.

El pino, cantando en sordina entre los largos dientes de sus hojas, tenía un papel principal en el coro del bosque y merecía la fama de dominar la onomatopeya. Su propia felicidad, el alborozo pueril de aquella diablura, le movió a decirle al poste:

-¿No quiere usted cantar con nosotros? El poste no contestó.

-Seguramente -insistió el pino, inclinando su copa en una cortesía- su voz es delicada y armoniosa, y a todos nos agradará que se una a las nuestras.

El poste silbó malhumorado.

-¿Y a qué viene eso? ¿Qué cantan ustedes?

-Imitamos a un tren remoto.

-¿Y para qué? ¿Son ustedes el tren?

-No -reconoció el pino, avergonzado.

-Entonces, ¿qué pretenden con esa mixtificación? Y ya que usted me interpela, le diré que no encuentro seria su conducta.

-¿Quizá le agrada más la canción de la lluvia?

-No.

-¿Acaso la canción del mar?

-Ninguna de ellas. Éste es un bosque sin formalidad ¿Quién podría creer que árboles tan talludos pasasen el tiempo cantando como ranas? Yo no canto nunca, susurro apenas. Si ustedes acercasen a mí sus oídos, escucharían el murmullo de una conversación, porque a través de mí pasan las conversaciones de los hombres. Eso sí que es maravilloso. Sepan que vivo consagrado a la ciencia y que yo mismo soy ciencia y que todo lo que ustedes hacer a mi alrededor lo reputo como bagatela y sensiblería, si alguna vez me digno abandonar mis abstracciones y reparar en ello.

La opinión del poste pronto fue conocida en toda la fraga y ya no se atrevieron a entregarse a aquel entretenimiento que el árbol extraño y solemne, de ramas de alambre, acusaba de frivolidad. Llegó el verano y los pájaros se hicieron entre la fronda tan numerosos como las mismas hojas. El eucalipto, que era más alto que el pino y que los más viejos árboles, daba albergue a una pareja de cuervos y estaba orgulloso de haber sido elegido, porque esas aves buscan siempre los cúlmenes muy elevados y de acceso difícil. Un día en que su esencia se evaporaba al fuerte sol con tanta abundancia que todo el bosque olía a eucalipto, se decidió a conversar con el poste y le dijo:

-He notado que no adoptó usted ningún nido, señor. Quizá porque no conoce aún a los pájaros que aquí viven y no ha hecho su elección. Me gustaría orientarle, pues supongo que usted sostendría un nido con agrado. Nos convierten en algo así como un regazo maternal. Yo alojo a unos cuervos. No molestan, pero confieso que son poco decorativos. Quisiera recomendarle a usted las oropéndolas. Ya habrá visto que hay oropéndolas en Cecebre. Pues bien, cuelgan sus nidos con tanta belleza y originalidad que no desmerecerían de las que a usted le ennoblecen.

El poste crujió:

-¿Para qué quiero yo sostener nidos de pájaros y soportar sus arrullos y aguantar su prole? ¿Me ha tomado usted por una nodriza? ¿Cree que soy capaz de alcahuetear amoríos? Puesto que usted me habla de ello, le diré que repruebo esa debilidad que induce a los árboles de este bosque a servir de hospederos a tantas avecillas inútiles que no alcanzan más que a gorjear. Sepa de una vez para siempre que no se atreverán a faltarme al respeto amasando sobre mí briznas de barro. Los pájaros que yo soporto son de vidrio o de porcelana, y no les hace falta plumaje de colorines, ni lanzarán un trino por nada del mundo. ¿Cómo podría yo servir a la civilización y al progreso si perdiese tiempo con la cría de pajaritos?

Estas palabras circularon en seguida por la fraga, y los árboles hicieron lo posible para desprenderse de los nidos y para ahogar entre sus hojas el charloteo de los huéspedes alados que iban a posarse en las ramas.

Sobre el tronco del pino resbalaron una vez diáfanas gotas de resina que quedaron allí, inmovilizadas, como una larga sarta de brillantes. De ellas arrancaba el sol destellos de los siete colores, y el pino estaba satisfecho de ser -tan esbelto, tan oloroso y tan enjoyado- una maravilla viviente.

-¿Se ha fijado usted en mis collares? -se atrevió a preguntar al vecino.

-Sí -aprobó esta vez el poste-; claro que usted llama collares a lo que no son más que gotas de resina. Pero la resina es buena: es aisladora (el pino ignoraba de qué), y es más digno producirla que dedicarse a dar castañas, como ese árbol gordo que está detrás de usted. Cierto es que, por muchos esfuerzos que usted haga, no conseguirá crear un aislador tan bueno como los míos, pero algo es algo. Le aconsejo que se deje dar unos cortes en el tronco, a un metro del suelo, y así segregará más resina.

-¿No será muy debilitante? -temió, estremeciéndose el pino.

-Naturalmente, debilita mucho, pero resulta más serio. No crea usted que eso se opone a hacer una buena carrera.

-¡Ah! -exclamó el árbol, que seguía sin entender.

-Hasta la favorece, si se me apura. Conocí varios pinos que fueron sangrados abundantemente, que trabajaron desde su edad adulta para la Resinera Española. Y ahí los tiene usted ahora con muy buenos puestos en la línea telegráfica del Norte, dedicados también a la ciencia.

Aquel año los vendavales de invierno fueron prolongados y duros. Durante varios días seguidos los árboles no conocieron el reposo. Incesantemente encorvados, cabeceando y retorciéndose, llenaban el bosque de ruido siniestro de sus crujidos y del batir de sus ramas. Les era imposible descansar de tan violento ejercicio y sus hojas secas, arrebatadas por el huracán, parecían llevar demandas de socorro. Temblaban desde las raíces hasta las más débiles ramas, y el viento no se compadecía. A la tercera noche, un cedro no pudo más y se desplomó, roto. Las ramas de algunos compañeros próximos intentaron sostenerlo, pero estaban cansadas también y se quebraron y dejaron resbalar hasta el suelo al bello gigante, con un golpe que resonó más allá de la fraga. Todo fue duelo. El hueco que deja en un bosque un árbol añoso es tan entristecedor y tan visible como el que deja un muerto en su hogar. Únicamente el poste pareció alegrarse.

-Al fin se decidió a cumplir su destino -declaró-. Ahora podrán hacerse de él muy hermosas puertas, que es para lo que había nacido; no para esconder gorriones y para tararear tonterías. Y ustedes aprendan de él. ¿Qué hace ahí ese nogal? Otros muchos más jóvenes he tratado yo cuando se estaban convirtiendo en mesas de comedor y en tresillos para gabinete. ¿Y aquel castaño gordo, tan pomposo y tan inútil? ¿A qué espera para dar de sí varios aparadores? ¡Pues me parece a mí que ya es tiempo de que tenga juicio y piense en trabajar gravemente! ¡Vaya una fraga ésta!

¡No hay quien la resista! Si yo no estuviese absorto en mis labores técnicas, no podría vivir aquí.

Los pareceres de aquel vecino tan raro y solemne influyeron profundamente en los árboles. Las mimbreras se jactaban de tener parentesco con él porque sus finas y rectas varillas semejábanse algo a los alambres; el castaño dejó secar sus hojas porque se avergonzaba de ser tan frondoso; distintos árboles consintieron en morir para comenzar a ser serios y útiles, y todo el bosque, grave y entristecido, parecía enfermo, hasta el punto de que los pájaros no lo preferían ya como morada.

Pasado cierto tiempo, volvieron al lugar unos hombres muy semejantes a los que habían traído el poste; lo examinaron, lo golpearon con unas herramientas, comprobaron la fofez de la madera carcomida por larvas de insectos, y lo derribaron. Tan minado estaba, que al caer se rompió.

El bosque hallábase conmovido por aquel tremendo acontecimiento. La curiosidad era tan intensa que la savia corría con mayor prisa. Quizá ahora pudieran conocer, por los dibujos del leño, la especie a que pertenecía aquel ser respetable, austero y caviloso.

-¡Mira e infórmanos! -rogaron los árboles al pino. Y el pino miró.

-¿Qué tenía dentro? Y el pino dijo:

-Polilla.

-¿Qué más?

Y el pino miró de nuevo:

-Polvo.

-¿Qué más?

Y el pino anunció, dejando de mirar:

-Muerte. Ya estaba muerto. Siempre estuvo muerto.

Aquel día el bosque, decepcionado, calló. Al siguiente entonó la alegre canción en que imita a la presa del molino. Los pájaros volvieron. Ningún árbol tornó a pensar en convertirse en sillas y en trincheros. La fraga recuperó de golpe su alma ingenua, en la que toda la ciencia consiste en saber que de cuanto se puede ver, hacer o pensar sobre la tierra, lo más prodigioso, lo más profundo, lo más grave es esto: vivir.

Estancia II: Geraldo y Hermelinda

Las dos casitas más pobres de la fraga son la de Marica da Fame y la de Geraldo. Más difícil que encontrar un pollo perdido en los maizales es dar con la vivienda de Marica, a la que han desdeñado todos los senderos y que apoya su espalda en un vertical desmonte para ahorrarse una pared. No tiene horno, porque tampoco tuvo nunca pan que cocer, y abulta toda ella muy poco más que la choza de un pastor castellano. Los árboles la aprietan y en su suelo, de dura tierra pisada, abultan, como venas bajo una piel sucia, las raíces de un castaño vecino. En el verano aún hay sobre las tejas restos de hojas caídas en otoño e innúmeros filamentos de pinocha ennegrecidos, desordenados y confusos, como una estera destrenzada. Pudiera creerse que el bosque intenta ahogar la casucha y aniquilarla, abrumando su pequeñez con sus despojos y desequilibrando los muros con la palanca de sus raíces; pero lo cierto es que el bosque supone que es un cubil como el de tantas bestezuelas que en ellos duermen y paren, y de los que salen a buscar alimento con pasos de cautela tan parecidos a los pasos de indecisión y de fatiga de la mujer; y el bosque, en su ayuda a todo lo que le es propio, disimula y ampara la guarida. Cuanto Marica da Fame puede ver -las veces que se asoma a pensar en nada, apoyada en la media puerta inferior que, al cerrarse, da a la choza el regalo de una ventana-, es el suelo del breve y verde embudo en que vive y los dibujos en relieve de la corteza de los pinos. El sol no llega allí; se detiene en la fronda, y cuando la fronda se satura, deja caer hasta el suelo una claridad que ya no es amarilla, sino glauca, como si recogiese el oro de la luz y rezumase sus impurezas. El viento tampoco baja a aquel rincón; apoya sus pies ligeros en la sumidad de los árboles, y cuando él pasa con su carga de nubes sobre los hombros anchos como el mundo, apenas tiemblan de presentimiento las blancas telas de araña del tojal.

La casita de Geraldo es diferente. Nadie le daría por ella ni lo que cuesta una vaca; es un cajón de oscura piedra pizarrosa que los líquenes adornaron con redondeles dorados y plateados, como viejas e irregulares monedas antiguas; gruesos guijarros aseguran las tejas, entre las que sale un humo vacilante cuando Geraldo enciende su hogar; entonces, también, un ventanuco lateral, que nunca tuvo cristales, se pone a fumar el crepitante y oloroso tabaco de las queiroas. Geraldo quisiera dotar de chimenea a su casita y su pereza le obliga siempre a aplazar el proyecto.

Durante el día, la vivienda de Geraldo se confunde con las rocas, las sombras y los verdores del castro. Durante la noche, su ventanita iluminada es esa estrella roja y parpadeante que se puede ver desde quince aldeas y que, como el castro es alto y la casucha no está lejos de la cima, parece verdaderamente lucir desde el cielo. Sólo ojos expertos son capaces de fijar sus contornos exactos cuando alumbra el sol o cuando, en la luz gris, la lluvia la barniza con el mismo tono que a las peñas que agujerean el suelo; en cambio, en las horas que Geraldo se sienta en el tronco que hace veces de banco en el exterior, puede contemplar tanta tierra que un mozo tardaría un tercio de día en alcanzar el horizonte. No lejos del castro, empenachado de robles, pasa la carretera provincial, y Geraldo ve de ella los dos hectómetros en pendiente que van de un recodo a otro recodo y por donde, en los días de viento, fantasmas transparentes, formados con el polvo color canela, se levantan y van, uno detrás de otro, por el camino desierto, hacia los grandes bosques solitarios de Lendoiro; a veces, cuando es el sur el que envía su soplo persistente, no hay procesiones de espectros; pero la carretera, cogida de través, parece arder en aquella altura, y el polvo avanza como humo hacia los sembrados y se acumula en la cuneta tan fino y tamizado y suave que tierna a apoyar la mano en su blando montón en busca de ese placer -que también procura la harina en la artesa, la nieve en el campo y la arena en la bajamar-, en el que entra en parte el sentido del tacto y en parte la secreta complacencia de imponer a lo virginal nuestro sello.

Después de la carretera, Geraldo ve la extensión gibosa de los sembrados - remiendos de distinto verdor cosidos con el hilo claro de los senderos- bajar hasta allí, donde los álamos negros y los mimbres y los abedules se aprietan, a entrambas orillas del río, ocultándolo y delatándolo a un tiempo. Y más allá, la tierra que comienza a subir nuevamente -toda oscura de pinos- por San Julián de Bribes; y las fragas de Santa María de Vigo, acuchilladas por congostras sombrías y húmedas; y en la lejanía, el monte Xalo, alto, pardo y huraño, que niega a los hombres la leña y el sustento, y que dibuja con sus cimas en el confín la silueta de un obispo yacente, con la mitra puesta y las manos cruzadas sobre el hábito.

Marica da Fame es viuda, sin más tierra que la que hayan de darle, al morir, en el cementerio, cuyas tumbas están adornadas con ingenuas cenefas de conchas marinas. Su hijo Fuco tiene nueve años y escala con sus pies descalzos los troncos del pinar para hacer caer las pinas leñosas. Su hija Pilara -doce años apenas- sirve desde hace tiempo como criada en las casitas de los aldeanos y ahora gana un duro cada mes, y comida, y un traje -que nunca le dan- por la fiesta de San Salvador. Trabaja como un hombre, llora como una mujer, pero duerme como una niña. Su madre va todos los meses a pedirle el duro; también le pide la hogaza amarilla de borona que le han dado para comer, cuando la encuentra camino de la feria de Cambre. Y si al ir a cobrar la mesada está presente Juanita Arruallo, el ama actual de Pilara, y se queja vagamente de que la criadita holgazanea, Marica da Fame suspira apesadumbrada, augura que aquella hija la llevará al sepulcro por no querer seguir los buenos consejos que le ha inculcado, y le propina unos cachetes antes de invitar al ama a que le pegue también.

Geraldo es muy pobre; vive solo; siendo un adolescente, su tío, que era marinero, le llevó a navegar; trabajó como grumete en el Bóreas, un barco ballenero al servicio de la factoría montada frente a los bajos de la Lobeira, a la entrada de la ría de Corcubión. Era un buen empleo; como toda la dotación, cobraba una prima por cada ballena pescada, y en cuanto se habituó al triste y penetrante olor del cetáceo muerto y a la margarina con que sustituían el aceite los tripulantes noruegos, que estaban en mayoría en el Bóreas, la vida a bordo le pareció soportable. El barco era de hierro, de escasa obra muerta y de alto puente, fino corno un galgo y con un barril en la cofa para el vigía. Se alejaba doscientas y trescientas millas de la costa, fuera de la ruta ordinaria de los navíos, para descubrir la pesca en las tibias aguas del Gulf Stream.

El muchacho era tímido. Cuando estaba en calma el mar, le acobardaba aquella inmensa extensión gris en la que se sentía solo y abandonado. A veces provocaba la risa de su tío con reflexiones pueriles acerca de los bienes que reverterían sobre los hombres «si todo fuese tierra», y oponía un cachazudo escepticismo a las afirmaciones del marinero, terco en insistir que había más millones en aquellas aguas y en el fondo de aquellas aguas que en todos los valles y todas las montañas de Galicia.

Esencialmente labrador, atávicamente impregnado de cariño y de admiración a la tierra negra de las buenas cosechas, en la tierra pensaba siempre Geraldo. Tras la neblina que reducía el horizonte al amanecer, creía adivinar tierra. «¡Cómo tierra, rapaz; por ese lado no hay un terrón hasta América!», le contestaba su tío, y él notábase transido de un angustioso afán de regresar. En las nubes bajas que se encendían al mismo tiempo que el véspero, veía también montes y playas y hasta pueblos de blancos edificios. Siempre la tierra. Traía la tierra en las retinas y por eso la hallaba presente. Nunca hubiera llegado a ser un buen navegante. Ya antes de alcanzar al Bóreas una de aquellas olas verdinegras de los días de mar de fondo, sentía él cómo se anegaba en congoja su corazón. Se agarraba al barco que subía la cuesta marina apuntando al cielo con la proa, como si se agarrase a las crines de un caballo a la empinada, y al resbalar por el dorso de la ola -cuando la hélice apresuraba su latir en el vacío- suponía no parar hasta los abismos, y respiraba entrecortadamente, como si ya notase el frío líquido en su piel.

Las ballenas también le asustaban. Aun después de acostumbrarse a verlas, atadas a los costados del Bóreas, con la cola hacia proa, sonrosando el mar con su sangre, insufladas de aire para hacerlas flotar, con el surcado y claro vientre al cielo, no podía dominar su horror hacia la enorme boca y el gigantesco poderío que aún aparentaba el corpachón de más de veinte metros. Pensaba que otros monstruos habría, mayores y más terribles, en aquellas misteriosas profundidades, y temía que en cualquier instante, en la irremediable soledad oceánica, un brazo escurridizo se ciñese al barco para afondarlo, o surgiese como un islote oscuro un engendro increíble y abriese para tragarlos unas mandíbulas desaforadas. Su imaginación le representaba vívidamente aquella boca con largos colmillos romos y estriados, como los del cachalote, y algas verdes prendidas, y el vaho agrio y tibio del monstruo, con olor a pescado, y el agua salobre chorreando al emerger la inmensa testa cubierta de piel recia, rugosa, de protuberancias parduscas…

El momento en que hallaba emoción y belleza era únicamente aquel en que, lanzada la voz que prevenía la presencia del cetáceo, el arponero corría a la proa y se alzaba, separadas las piernas, asido al cañoncito, atento -mientras el timonel maniobraba para coger a la ballena de través- a la ocasión mejor de disparar la pieza de cuya boca sobresalía el arpón. Mientras duraba la caza, hasta los más avezados a ella tenían el alma en ansiedad. No se hablaba. Latía más fuertemente el corazón de la máquina. Los ojos seguían la mancha oscura, ágil entre dos aguas. La ballena salía a respirar a veces a pocos metros del barco. Un resoplido impetuoso, una nubecilla de vapor lanzado como por una válvula que se abriese junto al voluminoso cráneo. Y una detonación. La lanza partía, remolcando una cuerda. El gigante herido se hundía y el gran carrete instalado a babor, próximo a la regala, comenzaba a girar soltando aquella cuerda que iba haciéndose más gruesa y recia, y el Bóreas apresuraba su marcha sobre la ruta de muerte de la ballena, que huía con inigualable rapidez. Muchas veces la agonía del pobre ser -culpable de que sus despojos valiesen diez mil pesetas- representaba su última escena en la superficie, y se le podía ver debatirse, alzando en su torno paredes de espuma ya estriadas de rojo. Después el Bóreas halaba el cable con lentitud, y la víctima y el verdugo se acercaban recíprocamente.

Un poeta portugués ha dicho que todo encuentro, hasta el del sayón con el inmolado, tiene algo de nupcias. Y de ello habla síntomas numerosos en este caso. El palpitar del océano empujaba y separaba, en breves contactos, como de besos, al cuerpo de hierro y al cuerpo de carne; se recortaba en la fibrosa cola el disco que era el distintivo que el ballenero imponía a sus presas; quietos en la sábana gris del mar, mientras duraban todas estas operaciones, el sol servía de testigo y juez de aquella boda; luego, el Bóreas ofrecía el acodado brazo de una cadena a aquel cadáver, tan largo como su casco, y se marchaban -codicia e inocencia unidas, como tantas veces - por los caminos ecuóreos.

Geraldo había cumplido los diecisiete años cuando una tarde, a caballo sobre la borda de babor, asido a un candelero, presenciaba las incidencias de la pesca. La ballena herida huyó hacia la popa, casi paralelamente al barco y muy próxima a él. El cable, desenrollándose con rapidez, apretó contra el casco la pierna izquierda del joven y casi se la cortó. Estaban a más de doscientas millas de la costa. Cuando llegaron a un puerto hubo que proceder a la amputación. Geraldo renunció desde entonces al mar, y volvió a la aldea.

Murieron sus padres, marchó a América su hermano mayor y él quedose en la casita del castro, apegado para siempre a la tierra. Intentó ser jornalero, más su mutilación le inferiorizaba, y si algún labrador le ofrecía trabajo, le pagaba menos. Entonces aprendió el oficio de albañil; pero como no eran muchas las ocasiones de ejercerlo en la parroquia, lo completó con la labor de pocero. Llegó a tener lama su acierto para excavar, y es la verdad que nunca se dio el caso de no encontrarse agua allí donde él señalaba la conveniencia de abrir el hoyo. Le llamaban de varias leguas en derredor. Tenía arrendada una era, que cultivaba él, y obtenía patatas y verduras para su propio consumo.

Seguía siendo tímido; frecuentemente sufría pesadillas cuyo tema eran el mar y las ballenas. En las fiestas y romerías, su cojera le mantenía apartado del baile y de las mozas, y bebía entonces con exceso.

Cuando se enamoró de Hermelinda se anegó en sufrimiento y en dulzura a la vez. Embellecían a la moza sus grandes ojos del color de la ruda y su pelo leonado, y un leve pronunciamiento de los pómulos que libraba a su cara de la vulgar redondez. Cuando aparecía soportando sobre la cabeza el oscuro cestón del que desbordaba la hierba, los brazos en alto, el andar firme, por la macicez de su carne se veía correr, bajo el vestido, ese mismo temblor de la grupa de los percherones o de la cubierta de los barcos movidos por máquinas potentes; sus pechos duros ponían sed en los labios de los mozos; un sutil e inefable fruncimiento próximo a las comisuras de la boca y al ángulo externo de los ojos, le daba una apariencia de alegría, así como si fuese a sonreír, como si llevase siempre en la cara el anuncio de una sonrisa. Y era, en verdad, la más alegre de todas las rapazas de la parroquia; si no la que bailaba mejor, la que bailaba más tiempo, la que por el Antruejo ideaba el disfraz más arbitrario y cómico, la que daba más agudas respuestas, la que no faltaba a una fiesta y a la que no cohibían nunca los hombres, ni los que la galanteaban ni los que la reprendían.

No era demasiado escrupulosa en elegir sus novios; pero aunque se daba cuenta del amor de Geraldo, que sólo tenía ojos para ella, nunca le ilusionó ni con una palabra afectuosa, ni burla ni desdén: trato lejano, el saludo conciso o el breve comentario, sin detenerse, cuando se cruzaban en un camino. Geraldo tampoco se había atrevido a pedirle nunca más.

Era feliz viéndola. Cuando, en sus horas vacías, de solitario, se sentaba en la troza que hacía veces de banco ante su casa, contemplaba la amplia extensión con el gusto por los anchos horizontes que, sin él saberlo, le había impuesto el mar. No existía en toda la aldea quien como él sintiese la belleza de lo circundante y fuese capaz de permanecer gozosamente abstraído en ella. Sin duda no se daba cuenta de su éxtasis, ni aun le era posible analizarlo; sabía apenas que se encontraba beatamente en tal contemplación y que su fantasía se excitaba, y como se alzaban los fantasmas de polvo de la carretera, así se alzaban y pasaban y se sucedían los ensueños en su imaginación. Los labradores ensueñan poco, pero los marinos mucho.

Al rato, no obstante, sus miradas caían desde la altura del castro a los campos de Juanita Arruallo, donde Hermelinda trabajaba; si adivinaba su bulto, ya no pensaba en cosa alguna; si no, fantaseaba acerca de ella, porque en aquella casa vivía y sobre aquella tierra se encorvaba y parecíale que aquel mirar les unía como si fuese un brazo largo que revolviese en las zarzas de los caballones o que entrase por las ventanas pintadas de azul.

Hermelinda era sobrina de la Arruallo. ¡Casa de tremendo trabajo aquélla para dos mujeres, con tanto bien como tenía la vieja y sus manías de orden y de no dejar nada para mañana! La moza sentíase infeliz. No era que le asustase la labor, para la que siempre estaba dispuesta y que realizaba entre canciones; pero se le hacía insoportable el forcejeo de cada domingo contra los obstáculos que su tía acumulaba para no dejarle salir. Todo estaba ya arreglado en la casa; sin embargo, a media tarde, cuando la joven se componía en su cuarto, la voz chillona de la pariente la requería para algún menester. Otras veces, las más, sin pretexto alguno, la increpaba:

-¡Ya estás, ya estás…! ¿Al baile, verdad? ¡No piensas más que en el baile!

¡Jesús, Jesús, cómo son estas mozas!

-¿Qué quiere, señora? -gritaba Hermelinda-. ¿Qué me pudra aquí…? No hay nada que hacer en la casa.

-Siempre hay algo que hacer en una casa.

-Pues hágalo usted.

Y la otra gritaba, y ella se marchaba refunfuñando, pero apenas pisaba el camino ya volvía a ser dueña de su buen humor. No se acordaba de su tía hasta el retorno, y era siempre la última en abandonar la fiesta.

Solían regresar en grupos. Los mozos las acompañaban a veces, y Geraldo procuraba unirse a los que iban con Hermelinda. Cuando acudían a bailes de parroquias lejanas, la madrugada los sorprendía en el camino. En las noches lluviosas, algunas muchachas se quitaban los zapatos y las medias, para no estropearlos, y marchaban descalzas sobre el lodo. Si lucía la luna, era más lento el andar y se apuraba el placer de la compañía con charloteos frente a las viviendas, antes de darse el adiós. A veces se rezagaba una pareja al atravesar las fragas o en las congostras donde se agazapaba la oscuridad. Fue así como Geraldo sorprendió a Hermelinda, al volver de una romería de Lema, entre una espesura de brotes de castaño. Oyó su voz y su risa, y la voz y la risa de un mozallón de Orto que la acompañaba. Los envolvían en doble cendal las hojas y las sombras, y guardaron un silencio más acusador que sus voces al notar en el camino los pasos de Geraldo, que había salido tras de ella con el afán de su proximidad, para verla otra vez y renovar recuerdos y saborearlos en sus soledades. Geraldo siguió, con un confuso sentimiento en el alma. Celos y sensación de pequeñez, y rabia contra todo, y lástima de sí... Aquella noche y muchos días más no pudo pensar en Hermelinda sin imaginarse las manos del mozallón de Orto sobre su cuerpo. Y siempre que pasó junto a los mismos brotes de castaño sufrió un latigazo de disgusto.

La joven riñó una vez definitivamente con su tía. Guardó sus ropas en un baulito de madera con forro de papel floreado y se marchó a la ciudad. Era el refugio de las muchachas campesinas ante toda suerte de dificultades. Unos afirmaron que Hermelinda iba a embarcar para América; otros que se había puesto a servir. Juanita Arruallo comentó a gritos con todas las vecinas, en el atrio de la iglesia, la ingratitud y la «mala cabeza» de su aguada, y después de esperarla vanamente algunos días, contrató los servicios de Pilara, la hija de Marica da Fame, que ya trabajaba como criada en Armental.

Pasó el tiempo -un mes y otro mes y dos meses más- y no se supo de Hermelinda en la aldea. Geraldo recogió sus patatas y las guardó en el sobrado, y abrió un pozo en Bribes y otro en Quintan, y se murió un viejo muy viejo en Lendoiro, y los Esmorís vendieron un buey y compraron una vaca, y al perro del tabernero lo atrapó el tren, y a Chinta, la de Crendes, le mandó ochenta duros un hijo que tenía en La Habana. Y una tarde, Geraldo fue a La Coruña para adquirir una herramienta nueva. Llegó a las cinco; el tren de regreso salía a las nueve. Geraldo recorrió el puerto -siempre le placía ver barcos- y las siete de la tarde sonaron, ya encendidas las luces, cuando él se paseaba mirando escaparates, entre aburrido y curioso.

De repente, Hermelinda estuvo ante él. Palpitó de emoción y de sorpresa:

«¡Hermelinda! ¡Hermelinda!» Ella reía con el alborozo de siempre. Geraldo no pudo nunca recordar las frases que iniciaron la charla, porque los ojos dejaron a los oídos sin memoria. La joven había adelgazado levemente; vestía más al gusto de la ciudad. Él la encontró elegante. Y más hermosa, mucho más hermosa todavía.

Le dio la mano y ella la retuvo largamente mientras comenzaban sus preguntas. Le alegraba él porque era un trozo de la aldea hallado allí, en el bullicio de una calle.

-Eres el primero de Cecebre con quien hablo desde que marché. Una vez vi a Gundín y otra a la Moucha, pero iba yo con mi señora y ni saludarlos pude.

Geraldo le informó de que la creían en América. No, ya veía que no. Estaba sirviendo. Se había empleado, al llegar, en una casa, pero tenían demasiados niños y la dejó. Ahora estaba en otra: un matrimonio anciano, un hijo mayor, ya abogado; poco trabajo a repartir entre una cocinera y dos doncellas; una tarde libre por semana; aquel día, precisamente, no regresaría hasta las ocho y media.

-¿Tienes que hacer?

-Espero a las nueve para tomar el tren.

-Vamos por ahí, y charlaremos. Siguieron juntos.

-Buenos bailes aquí -insinuó él.

-Buenos bailes.

-¿Mejores que aquéllos?

-¡Ay, como aquéllos -añoró la joven-, como aquéllos no existen!

Quería noticias de la aldea. Geraldo contó del viejo de Lendoiro, de la vaca de Esmorís, del perro atropellado, de las patatas cosechadas…, y ella inició sus propias confidencias. No podía aguantar a la tía Arruallo, que la quería tener como una esclava, aprisionada, aburrida… ¿Qué mal hacía con ir los domingos a las fiestas? Ella era una moza y seguramente la tía Arruallo también se habría divertido a su edad.

Llegaron a los andones que bordean la ensenada de Riazor y sentáronse en un largo banco de cemento cuyo respaldo era el muro de unos jardinillos. La marea alta cubría la playa y algunas lanchas negras, que olían a alquitrán y a madera vieja, se alineaban en el andén penumbroso, cerca de ellos, sostenidas con pedruscos o tumbadas sobre un costado. El bravo viento marino traía esencias fuertes y polvillo de agua salada. Geraldo anunció:

-Con esto perderás la herencia de tu tía.

-No lo sé -dijo ella con temor rencoroso.

Pero en seguida comenzó a referir anécdotas de su nueva vida y a enumerar sus ocupaciones y a describir a sus amos. El señor era muy viejo ya y sentía ruidos dentro de la cabeza. Frecuentemente creía que sonaba el timbre del teléfono y daba grandes voces para advertir: «¡Ese teléfono! ¿Es que nadie acude a ver quién llama? ¡Que vayan al teléfono!» Y eran sus propios oídos. El señorito Luis vestía muy bien. Tenía veintiséis años y el atractivo de un carácter siempre alegre Hermelinda calló un instante y, sonriendo, como si resumiese mudas evocaciones., definió:

-Es un diablo.

-¿Le gustas? -sospechó Geraldo suavemente.

-No.

Pero con un repentino impulso de vanidosa franqueza se desmintió:

-Bueno, ¡si yo quisiese!…

Cuando se cruzaba con él en un pasillo o la encontraba sola en una habitación, tenía que defenderse. Con frecuencia la llamaba, apelando a mal concebidos pretextos. Las compañeras comenzaban a sospechar.

-Un día me propuso que me fuese con él. A Geraldo le invadía la angustia.

-¿Cómo…?

-Me dijo que debía dejar el trabajo, que él amueblaría un piso para mí y se encargaría de todo… Dispone de mucho dinero.

-¿Y tú qué hiciste?

-¡Olí, figúrate…! Pero si yo quisiera… Aquí, en la ciudad, hay muchas que valen menos que yo y que viven ricamente. Claro que una…

-Pues algún motivo habrás dado.

-No hace falta. No le conoces. Es muy atrevido.

Aún refirió más episodios de la audacia amorosa del señorito Luis. Se notaba que el tema endulzaba su boca. Geraldo cayó en hosquedad.

Lejos, al otro lado de la ensenada, en la pendiente de Montealto, habían encendido una hoguera y el joven la miraba fijamente desde que las confidencias habían tomado aquel molesto rumbo. El cielo y el mar, confundidos, eran un negro vacío del que brotaba un fresco hálito. La moza estaba tan cerca del enamorado que sentía el contacto de su cuerpo. Se atrevió Geraldo a decir:

-Siempre te quise, Hermelinda. ¿Lo sabías ya?

-No, no lo sabía -respondió ella en voz baja.

Él calló, descontento de haber hablado, con la desalentadora segundad de haber pronunciado palabras mutiles. La moza se acercó y apoyó la cabeza en su hombro. Geraldo, repentinamente feliz, no se movió. Transcurrieron unos segundos. Ella observó con dulzura:

-Hueles a la aldea. Me parece como si estuviese en la aldea.

Entonces sintió hacia él una ternura intensa y difusa a un tiempo que no se refería precisamente a aquel hombre, sino a todos los que había amado en las noches de «tuna» de los sábados y en la oscuridad amparadora de las fragas, y el aroma del tojo y de los pinos, y al del humo de las «queiroas» en el fuego del lar, y a los bosques y a los sembrados, a los cariños y a las emociones gozados en aquel trozo de tierra verde y húmedo en el que la vida era feliz, a pesar de todo. En la penumbra distinguía apenas el rostro de Geraldo. Entorno los párpados, echó hacia atrás la cabeza sobre el hombro varonil y ofreció sus jugosos labios juveniles.

Geraldo la apretó contra sí. Ni comprendió las posibilidades del momento ni intentó analizarlas. Rodeó con un brazo el cuerpo de la muchacha y aquella sensación le aisló del mundo. El ronroneo del mar abandonó la playa para sonar dentro de él mismo. La hoguerita de Montealto dejó de mirarlos con su roja pupila. Fuera de aquel rinconcito todo se hundió en inutilidad e indiferencia.

De pronto, Hermelinda alzose. Pareció bruscamente invadida de tedio.

-Vámonos. Ya es tarde.

Caminaron hacia las calles animadas. Ella había recuperado su aire de alejamiento; él, su timidez y su pierna de palo. Porque se había olvidado por primera vez, en aquellos minutos, de que llevaba una pierna de palo. Como su compañera no hablaba, el mozo intentó suscitar el diálogo, que naufragaba siempre en la concisión de las respuestas.

-Un día -dijo- volverás a Cecebre.

-No sé.

-¿No piensas en ello? Di la verdad.

-La verdad, Geraldo: no creo volver nunca.

Se sintió como repelido por aquellas palabras, como devuelto a su condición inimportante, y enmudeció. Cuando se separaron se atrevió a proponerle:

-Dame las señas de tu casa.

-¿Para qué?

-Para saber de ti.

Ella vaciló brevemente antes de negar.

-No quiero que me molesten los de allá. Ya nos veremos alguna vez. ¿No nos hemos encontrado hoy? Pues también puede ocurrir otro día… Adiós.

Se alejó sonriente, ligera, con la vida moza temblándole en las carnes. La muchedumbre la disolvió en su corriente espesa, y ya no fue visible.

Dos horas después, en la casita del castro, en lo más alto de la fraga, se encendió la luz, como todos los días.

De lejos parecía una estrella y estaba en compañía de las estrellas azuladas del cielo. De cerca era un candil y alumbraba a un hombre solitario.

Estancia III: El Alma en Pena de Fiz Cotovelo

Esto ocurrió en aquellos años en que una gallina costaba dos pesetas y la fraga de Cecebre era más extensa y frondosa.

Xan de Malvís, más conocido por Fendetestas, pensó -una vez que llenaba de pinas un saco remendado- que aquella espesura podía muy bien albergar a un bandolero. No es que Xan de Malvís viese en tal detalle un complemento romántico de la hosca umbría; más bien apreció la inexistencia del bandido como una vacante que podía ser cubierta. Y se adjudicó la plaza.

Cuando Fendetestas abandonó sus tareas de jornalero en Armental para emprender la higiénica vida del ladrón de caminos, no disponía más que de un pistolón probado algunas veces en las reyertas de romería, y cuyo cañón, enmohecido y atado con cuerdas, parecía casi el cañón de un trabuco. Fendetestas llevó también a la fraga un ideal: robar la casa de algún cura. No hubo ni hay en el campo gallego un solo ladrón que no haya robado a un cura o soñado en robarle. Es un tópico de la profesión. Puede ocurrir -y hasta es frecuente- que los curas sean más pobres que los mismos labriegos, pero esto no librará a sus casas del asalto. Se ignora el espejismo o la voluptuosidad que incita a los ladrones a preferir estas empresas - acaso una reminiscencia de los tiempos del clero poderoso y feudal-, pero puede afirmarse que si desapareciesen súbitamente de Galicia todos los curas, todos los ladrones se encontrarían desconcertados y con la aprensión angustiosa de que se había acabado su misión en las aldeas.

Xan de Malvís pensó, naturalmente, en robar a un párroco, pero aplazó su proyecto para cuando hubiese adquirido cierta perfección en el oficio. Las primeras semanas las dedicó a desvalijar a los labriegos que volvían de vender ganado en las ferias. Se tiznaba grotescamente el rostro y aparecía en lo sumo de la corredoira dando brincos, apuntando con el pistolón y gritando, para amedrentar a sus víctimas:

-¡Alto, me caso en Soria!

Y no le iba mal. Apañó el primer mes dieciocho duros, más de lo que ganaba en un trimestre trabajando para los labradores de Armental. Comía lo suficiente, dormía en una cueva arcillosa que iba dando, poco a peco, a su traje la dureza de una tabla, y entretenía sus largos ocios haciendo trampas para pájaros. Por las noches miraba largamente la luna, oía los perros de las aldeas, rezaba un padrenuestro y resbalaba hasta el sueño pensando: «El día que me resuelva a robar en la casa del cura...»

Verdaderamente, no le iba mal. Pero una noche en que la inquietud le había arrojado de su guarida llevándole a vagar cautelosamente por lo más intrincado de la fraga, tuvo una visión que le llenó de pavura. Por entre robles y castaños, siguiendo las sinuosidades de una vereda casi cubierta por los tojos, vio avanzar un fantasma. Era un fantasma enteramente igual a cualquier otro fantasma aldeano. Venía envuelto en una blanca sábana, traía una luz sobre la cabeza y arrastraba unas cadenas que chirriaban al rozar con los pedruscos del camino. Xan de Malvís se había disfrazado demasiadas veces de espectro en sus aventuras amorosas para no comprender que aquélla era una auténtica alma en pena. Tan asustado quedó, que ni habla tuvo para conjurar la aparición inesperada.

Corrió hacia su cueva, arañándose en las zarzas, y no concilio el sueño hasta el amanecer, Dos noches después casi tropezó con el mismo fantasma, junto a las rocas cubiertas de musgo que amparaban su guarida.

-¡Jesús, María, José! -exclamó entonces, santiguándose-. ¿Quién eres y qué quieres de mí?

Y el fantasma habló con la voz afligida, un poco en falsete, de todos los fantasmas:

-Soy el ánima de Fiz Cotovelo, el de Cecebre, que anda penando por estos caminos.

-¿Quieres unas misas? -preguntó resueltamente Fendetestas, como si las llevase él en el bolsillo.

-Nunca vienen mal -parece que respondió el fantasma-. Pero si me ves así es porque hice en vida la promesa de ir a San Andrés de Teixido y no la cumplí, y ahora necesito que un cristiano vaya descalzo y peregrinando en mi lugar, y que lleve una vela tan alta como yo he sido.

Xan de Malvís se rascó la cabeza, donde si algunos pelos se habían tranquilizado, otros seguían erizados aún. Balbució:

-Pues... yo bien iría...; pero, la verdad, no me conviene mucho ni creo que me dejasen llegar muy lejos.

El espectro lanzó un largo gemido que hizo que se volviesen a poner de punta aquellos pelos ya sosegados de Malvís, y siguió arrastrando sus cadenas.

-Rezaré por ti -ofreció Fendetestas.

Desde entonces el bandido pudo saber perfectamente cuándo eran las doce en punto de la noche. Sólo con asomarse a su cueva veía pasar la aparición, gimiendo y ululando, y aun sin asomarse, oía el ruido de las cadenas. Como lo habitual pierde emoción y Malvís era un hombre valiente, concluyó por familiarizarse con la presencia del fantasma. Muchas noches, sintiendo exacerbada en su soledad el ansia de echar un párrafo con alguien, esperaba, sentado en las piedras musgosas, al espíritu de Fiz Cotovelo y le instaba a detenerse.

-¿Qué prisa llevas? -le preguntaba. Y después:

-¿Cómo marcha el asunto?

Entonces ambos conferenciaban gravemente. Fiz Cotovelo se dolía de que todos escapasen aterrados, sin pararse a escuchar lo que tenía que decirles, y de la enorme cantidad de agua bendita que le arrojaban en la aldea y que le hacía andar siempre con la sábana terriblemente húmeda. Malvís hablaba de sus pequeños negocios del día y, sobre todo, de su proyecto de asalto a la casa del cura. A veces el fantasma se interesaba en la vida del bandolero.

-¿Lo pasas bien? -inquiría.

Y Fendetestas escupía en el suelo, elevaba un poco sus hombros fornidos y contestaba:

-Es peor arar, Cotoveliño; te lo digo yo, es peor arar. Lo malo está en que no puedo salir de aquí a comprar tabaco. Si hubiese tabaco en la fraga, no me cambiaba por el maestro de escuela. Palabra. Pero cuando no puedo fumar... Muchos días estuve tentado, sólo por eso, a volver a ser un hombre decente.

Fiz Cotovelo conservaba sus tendencias de campesino; auguraba el tiempo, predecía la abundancia o mezquindad de las cosechas y le gustaba saber cuánto habían pagado por los bueyes los tratantes castellanos que aparecían en las ferias con sus sombreros anchos, sus blusones anudado sobre el vientre y la correa de un látigo por el cuello.

Una noche, mientras jugaba pensativamente con los eslabones de su cadena, contó su vulgar historia al bandido. Él, Félix Cotovelo, había vivido y muerto muy pobre, muy pobre. Pero aparte el pesar de haber dejado incumplida su promesa a San Andrés de Teixido -a cuyo santuario, según la popular sentencia gallega, «irá de muerto el que no fue de vivo»-, no llevó a la tumba otro pesar que el de no haber realizado su candente deseo de marcharse a América. Fue una obsesión que le acompañó desde la niñez, una punzante ansiedad de todos los días.

Cuando era joven, la fuerza de sus brazos tendía a emplearse sobre los inmensos campos vírgenes de ultramar, de los que tanto hablaban los emigrantes; cuando llegó a la madurez y comprendió que nada podría hacer ya en las tierras lejanas, seguía pensando en ellas en el secreto de sus ensueños como en algo que, al hacerse imposible, priva de sentido a una existencia. Si hubiese ido allá -se decía-, sin duda alcanzaría la fortuna, como tantos otros, y podría tener su casita y sus eras, y un diente o dos de oro, y una vejez regalada, y podría contar las aventuras de la ruda labor que había realizado hasta desembocar en prosperidades. Sin duda no todos los que emprendían el largo viaje triunfaban, pero hasta los que regresaban con billetes de caridad pagados por los consulados hablaban con nostalgia de aquel amplio y maravilloso palenque que era América. En verdad, ya no sabían conversar sino acerca de aquel tema cautivador.

Cotovelo refería a Malvís la magnificencia de la vida de su abuelo, que había estado en Cuba y había vuelto a casarse y a comprar tierras en Cecebre. Era dueño de muchos ferrados de tierra en la parroquia, y su ganado el más abundante y el mejor: bueyes gordos y grandes como montañas. Mataba tres cerdos para el consumo de la casa e iba todos los años con su mujer a tomar las aguas de Guitiriz, porque el trópico le había estropeado el hígado, y se hospedaba en una buena fonda. Cuando murió, repartióse su hacienda entre sus tres hijos, y entonces tuvieron éstos que aumentar su trabajo y reducir su comida. Pero, en fin, el padre de Fiz Cotovelo aún podía vivir sin más ahogos que los de cualquier otro labrador. Lo terrible fue que entre los seis hijos que dejó a su vez, las tierras se atomizaron hasta lo increíble. Era el mal de Galicia y la razón por la que se hundían en la miseria aquellos que no podían emigrar. Un prado les quedó, tan repartido, que si una vaca iba a pacer en él, no podía comer la hierba propia sin tener las patas traseras en la propiedad de otro hermano y los cuernos proyectando sombra en la de un tercero. Nunca pudo agregar el pobre Fiz algo más sustancioso a la taza de caldo del mediodía ni a la taza de caldo de la noche. Y siempre pensando, siempre, siempre, en que si hubiese podido marchar a América tendría la fortuna con él, como uno de aquellos lindos pájaros, enjaulada. Y se hubiera casado. Y en el hogar de un Cotovelo volverían a sucumbir tres cerdos al finalizar cada otoño.

-América está en todas partes -comentaba Fendetestas pensando en sus propios manejos.

-No está, no -era la triste respuesta de Fiz.

El ladrón fue sintiendo hacia él una simpatía que se mezclaba a cierta sensación de superioridad. Aquella alma en pena le parecía bastante rudimentaria y la trataba muchas veces como se trata a un niño. Pero no pasó mucho tiempo sin que se diese cuenta de que su único amigo le llevaba involuntariamente a la ruina. Desde que se supo que entre la espesura de la fraga iba y venía, lanzando aullidos, un espectro, nadie gustaba de aventurarse por las vereditas que la cruzaban. En cuanto declinaba el sol, los caminantes preferían el más largo rodeo a poner un pie ni en las lindes del bosque, y aun en el corazón del día eran muy pocos, muy apresurados y muy recelosos los que se decidían a internarse en él, mirando a todas partes y dispuestos a correr como gamos si sonaba cualquier ruidillo.

Fendetestas se halló súbitamente sin clientela. Ser ladrón en un desierto sin caravanas es la más estúpida de todas las ocupaciones. Al descubrir la causa de aquel aislamiento, sintió mal humor por primera vez desde que se había retirado a la cueva. Iba de un lado a otro por la fraga o se sentaba en sus observatorios habituales, esperando en vano. Y murmuraba, roído por el desaliento:

«¡Se acabó el negocio! Este Cotovelo me partió». Terminó por decírselo francamente.

-¿Aún no encontraste a nadie que quiera ir a Teixido?

-¿Cómo voy a encontrar -dijo el fantasma abriendo sus brazos con desolación-, si en cuanto me ven se caen sin sentido o huyen dando voces sin detenerse a saber lo que quiero ni por qué estoy penando? Resulta imposible hablar con nadie, y así no puede ser. Luego se pasan noches y noches sin que yo vea alma viviente, como no seas tú.

-Tampoco yo veo a nadie, y eso es lo peor -declaró Fendetestas con voz triste para inspirarle lástima-. Escorrentaste hasta a la guardia civil. Eres mi ruina, Cotovelo. ¿Por qué no te vas?

-¿Adónde he de ir? -se defendía la aparición-. Cualquiera diría que estoy donde no debo. Todas las fragas tienen un fantasma, como tienen también un ladrón. Tú eres de Armental y acaso no lo sepas, pero antes que yo hubo aquí muchos aparecidos.

-¿Por qué no te presentas a un pariente?

-No nos llevamos bien. Malvís tocó otra cuerda.

-¡Pudiendo ir a todas partes, Cotovelo, como puedes tú; pudiendo ver la capital, o ir a Santiago o conocer Madrid, hombre, donde tanto hay que ver...! Lo mismo encontrarías allí que aquí el cristiano que buscas para ese servicio, o acaso mejor allí, y a la vez te distraías algo.

Pero Fiz meneaba obstinadamente la cabeza, en la que sostenía la luz espectral.

-Es el cariño al rueiro[1], Malvís; aquí nací y aquí viví y nada me interesa como esto. En otros sitios no conozco a nadie. No me voy.

-Pues fastidiar, bien me fastidias -terminaba Fendetestas después de cada una de sus inútiles tentativas de convencimiento.

Cierta noche, sentados sobre el pico más alto de las rocas, vieron marchar por la negra lejanía una serie de puntitos de luz que avanzaban de oriente a occidente, uno tras otro, conservando siempre una distancia igual entre sí.

Fendetestas se levantó sobresaltado.

-Así Dios me salve como es la Santa Compaña.

-Es -asintió el fantasma naturalmente, sin inmutarse.

-Viene hacia aquí.

-No. Va hacia el mar.

Xan de Malvís volvió a sentarse. Acababa de ocurrírsele una idea.

-¿Es cierto que no hay obstáculo para ella, que signe siempre en derechura, sobre los montes y sobre los barrancos y sobre el agua…?

-Sí.

-¿Y hasta podrá dar la vuelta al mundo? El fantasma alzó los hombros con desdén.

-Claro que puede.

-Pues si ésos van hacia el mar -siguió intencionadamente Fendetestas-, todo por ahí, siguiendo en línea recta, a donde llegará no es otro sitio que las Américas. Por ahí se van también los vapores.

El espectro calló.

-Ahora es la zafra en Cuba -continuó Malvís-. Buena ocasión de ver aquello. Se trabajará de firme en los campos de caña y habrá allí muchos hombres ganando buenos jornales. No digo yo que quisiera ser uno de ellos, pero me gustaría verlo si pudiese y no me hicieran pagar el viaje.

-Sí, Malvís -reconoció el ánima en pena, con una rara excitación-. Debe de ser un buen espectáculo.

-Sobre todo, verlo, Cotoveliño; haber estado allí… Porque, mira, no haber ido a San Andrés de Teixido…, bueno…, no está bien; pero hay mucha gente que no fue y no siente vergüenza. Pero… ser de la tierra y no conocer América, Cotovelo…

-Es verdad, es.

-No poder contar nunca: «Cuando yo estuve en Cienfuegos…» Los pobres que nunca logramos ir. no somos nadie. Ahí tienes unos compañeros tuyos que van para allá. ¿Qué te iban a decir si te unieses a ellos? Seguramente…

Pero no hizo falta que continuase. El secular afán emigratorio, reforzado por el también secular afán de no pagar el pasaje, habló en el alma del campesino difunto. Erguido, lúgubre, el fantasma de Fiz Cotovelo se alejaba ya, como empujado por el viento, hacia la negra lejanía.

Y pronto hubo una luz más entre las luces de la Santa Compaña. Fendetestas la vio, persignóse y lanzó un suspiro de alivio.

Estancia IV: El Peregrino Enamorado

Había una nube color de topo apoyada en el monte Xalo, una nube pesada y desmedida que abrumaba el horizonte. Y vino el viento sur, afirmó los pies en el valle y se la echó a los hombros como un mozo puede cargar un saco de trigo colocado en un poyo. Pesaba tanto la nube que en la tierra se sentía el aliento tibio y húmedo del viento que jadeaba ráfagas. Quería llevarla hasta el mar, aún lejano; pero al pasar por Cecebre los pinos que hay en las alturas de Quintan rasgaron la cenicienta envoltura y todos los granos de agua cayeron, apretados, sucesivos, inagotables, sobre la verde y quebrada extensión del suelo.

Llovió tanto que parecía mentira que restase aire para respirar en el espacio lleno de hilos líquidos y de partículas acuosas que iban y venían, flotando, con aspecto de diminutos seres vivos, como si aquel mar tuviese también su plancton. El viento, quizá sorprendido por su fracaso o afligido por su torpeza, se había quedado quieto, quieto, tal la criada que rompió la pecera y encharcó la alfombra. Y en varios días nada se movió bajo la lluvia: ni hojas, ni pájaros, ni hombres. En los establos penumbrosos, los bueyes fumaban su propio aliento, y en el balcón techado del cura, el gato -con la cola pegada al costado izquierdo, como una espada-, sentado sobre su vientre, miraba con ojos de chino una hora y otra hora, entre los barrotes pintados de azul, cómo caían tubitos de cristal desde las tejas, adormecido en romanticismo.

Entonces la tierra se puso a trabajar, según su vieja sabiduría, para no anegarse; porque a la tierra le dura aún el terror del Diluvio y por eso emana de ella no sé qué de expectación solemne y de angustia que nos penetra imprecisamente cuando la flagelan los chubascos. ¿Dónde meter, Señor, tanta agua? ¿Qué hacer con ella? Y primero la escondió en los sembrados esponjosos y bajo la hierba de los prados, y luego hizo barro del polvo de los caminos, y como aún caía más, todo se dedicó a ayudarla: las plantas bebieron hasta engordar; las corredoiras aviniéronse a convertirse en cauces; los arroyuelos que bajan hasta el río, olvidados entre herbazales, se dieron una prisa ruidosa en llevar y verter su hinchada corriente; cada planicie arada se hizo cartel de escudo, a barras alternadas de plata y ocre, y como escudos de metal abandonados nacieron aquí y allá charcos inmóviles. En la fraga todos trabajaron también: los musgos se ensancharon; las piedrecitas de cuarzo de los senderillos dieron toda la tierra que adhirieran y se quedaron blancas y delatadas; cada hoja cargó todas las gotas que pudo soportar y las sostuvo en lo alto, y esos enanitos de gorros de colores que son los hongos y que tienen sangre de agua porque son hijos de la lluvia, nacieron a centenares, bruscos como un milagro, maliciosos y burlones; porque uno de tallo encorvado que tenía su remate plano e irregular, era evidente que caricaturizaba a la bruja de Orto que atravesaba la fraga con su viejo paraguas abierto, y otro pequeñito y de rojo casquete quería sin duda remedar a la niña del molinero que, cuando llovía, pasaba llevando una antigua y breve sombrilla encarnada de su madre.

Hasta Fendetestas, el ladrón del bosque, había retenido en su zamarra toda el agua precisa para llegarle hasta la piel. Mas luego se metió en su cueva, refunfuñando, y dedicó los treinta y seis grados y medio de su térmica a evaporarla.

Quince días después, al cesar la lluvia, fue cuando Furacroyos se internó en la fraga. Se le vio claramente al atravesar un caminito tan lavado y terso que parecía hecho de una tabla de nogal. Pero esto mismo dificultaba la torpe marcha del animalito.

Furacroyos era un topo color nube de invierno. Las galerías de su morada llegaban desde el patatal de Juanita Arruallo hasta el bosque, y en ellas se vivía bien. Cuando caían las manzanas del huerto sobre la tierra, se sentía su pelotazo en la profundidad donde el topo engordaba, y no había ningún sobresalto más. Aquellas lluvias anegaron el corredor principal, lo convirtieron en una masa viscosa; un desastre: era imposible continuar allí. Por añadidura, Furacroyos tenía otro motivo más triste y más poderoso para hacer tan desacostumbrada caminata afrontando la antipática claridad del día; aunque hay que decir que la luz de aquel día no se diferenciaba de esa luz vaga y turbia en que suelen moverse las imágenes de una pesadilla, luz sin sombras, que ablanda los contornos, poso de luz que ha dejado su nata en la otra cara de un filtro de nubes y permite caer al fondo todo lo que hay de indeciso y de gris en el universo.

Sin embargo, resultaba deslumbradora para Furacroyos, cuyos ojuelos minúsculos sufrían una impresión dolorosa. Sus cortas patas delanteras rematadas por manecitas casi humanas, de dedos alargados como los de una señorita ociosa, se movían sobre el senderillo con tan poco garbo como si en vez de andar cogiese puñaditos de arena. En la suavidad de su piel, dos goterones habían manchado el finísimo pelo.

Esto afligía más aún a Furacroyos. Todo el mundo sabe que el topo es un animal vanidoso, de una vanidad extraña que no busca la exhibición, pero que se complace en su intimidad secreta. Los aldeanos lo creen enamorado de adornos, y simple. Cuentan de él que se dejó engañar por la rana, en los tiempos en que la rana poseía rabo y se dio maña a cambiárselo al topo por los ojos. Bien envuelto en su rico abrigo de piel, tiene todo el aire de ser un pequeño señor que ha roto la solidaridad con cuanto vive y ocurre sobre la superficie de la tierra, y se retiró a ese mundo subterráneo donde se refugiaron también los entes mágicos desplazados por la creciente incredulidad de los hombres. El topo es el rey de cuantos seres moran en las entrañas del mundo, y acaso por eso, viste con tanta riqueza. Un campesino de Vos - la aldehuela sin caminos perdida en los bosques y cuyas mujeres hilan aún en las ruecas antiguas- encontró uno que llevaba una coronilla de oro. Cuando la fue a vender a la ciudad, al desenvolver en el mostrador del oribe el pañuelo en que la había guardado, no halló más que una abarquillada y seca hoja de helecho, amarilla como el oro y dentada como una corona.

Hay muchos animales que hacen de la tierra refugio y cubil, y que en sus cuevas duermen para salir después en busca de sus víctimas y acaso volver a devorarlas allí, como el raposo o como la comadreja. También los ratones abren sus agujeros en el campo. Pero no es ése el mundo del topo, sino el de los bichitos que han renunciado a la luz, y viven misteriosamente bajo las raíces, aunque a veces asomen sus ojillos asustados o sus hociquitos temblorosos a la entrada misma de sus túneles para atisbar el amplio escenario de crueldades que ilumina el sol.

Furacroyos caminaba con torpe apuro, molesto por hallarse fuera de su ambiente, cuando, de pronto, la fraga dio la Señal. Para percibir la Señal y entenderla, es preciso ser miembro de esa comunidad complicada que es la fraga; la Señal no la entienden los campos cultivados ni los seres de los caseríos; pero si un hombre de espíritu atento supiese acercarse con pasos de gato hasta la misma barrera de tojos que crece en las lindes del bosque, y en ver y en escuchar pusiese lo que en él queda de la antigua sagacidad que tenía cuando no era más que otro pobre animal inseguro, podría notar impresionantes indicios. Vería que, sin poder precisarlo, algo había cambiado en la fraga; al llegar él, una especie de brisa imperceptible hará levantar un murmullo entre las hojas, de uno a otro extremo del bosque: es la Señal con que se avisa la presencia del hombre. Oirá frote de animalitos contra las hojas secas, al huir buscando escondite: carreras de patas suaves sobre los senderos, roce de hierbas bajo las que se deslizan enjambres de insectos... Las hoscas matas del tojal y las madejas de zarzas se aprietan sobre los acobardados fugitivos; en cuanto a los árboles, que acaso estaban balanceando sus copas o cantando en voz baja esa canción que tanto les gusta, en la que imitan el ruido lejano del mar, se callan y adoptan U actitud más inocente, como si no guardasen entonces entre sus ramas todas las avecillas temerosas que hasta aquel instante piaban y revoloteaban en el bosque. Cuando el hombre entra en la fraga, la fraga cambia. Muy pocos pudieron verla tal como es, y ninguno lo ha contado.

El hombre es el hacha para el árbol, la segur para el tojal, la escopeta o la trampa para el ave, para el conejo, para el zorro...; es el todopoderoso enemigo de todos los días, del que nada obtuvo todavía piedad. Cuando uno de ellos atraviesa sus límites, la fraga, intimidada, lo avisa.

Furacroyos oyó la Señal y apresuróse. La hierba que orillaba el sendero por aquella parte era tan rala que no le podía ocultar, y trepó más arriba; pero más arriba había una colonia de setas de tronco blanco y cúpula cobriza que imitaban en miniatura los palacios de una ciudad encantada, y Furacroyos sabía que nadie debe esconderse junto a algo que sea llamativo. Siguió subiendo y encontró un helechal frondoso, aunque mustio ya por los fríos. Detrás se abría la boca de la cueva de un tejón. Furacroyos entró con tanta prisa que rodó desde el elevado umbral al interior oscuro. Y quedó inmóvil. El tejón lo miró apenas y no se movió.

Los goterones que caían de las altas hojas hacían un ruido como de pisadas. Todo el bosque parecía estar lleno de gente en marcha. Pero el hombre aún tardó en llegar. Era menos alto que una aguijada, y su traje roto y manchado de barro mostraba por más de un sitio la tierna carne infantil; agujereada en el centro, la boina dejaba asomar los cabellos; al tropezar con los guijarros las zuecas sonoras, rimaban su caminata, y silbaba tan hórridamente un estribillo inventado por él, que hasta los mismos cuervos le desaprobaban.

Era Fuco, el hijo de Marica, la viuda paupérrima que habitaba en el bosque una choza peor que la guarida del raposo. Tenía nueve años y explotaba una mina de carbón.

No se intenta sugerir la sospecha de que Fuco perforase el suelo en alguna parte para extraer el mineral, del que no se encuentra la menor muestra en toda la provincia. Y sin embargo, él tenía una mina de carbón, y cuando en el pazo o en las cocinas de los veraneantes se agotaba la provisión de combustible y no llegaba con él a tiempo la demandadera de La Coruña, se enviaban emisarios a la choza de la viuda, y los emisarios decían:

-A ver si Fuco puede llevarnos algún carbón.

Entonces -y aun sin tal estímulo- Fuco cogía un saco recosido y marchaba a atender su negocio.

La mina del arrapiezo era semoviente. Esto no podrá comprenderlo ningún mineralogista ni aun ningún ingeniero. Tratábase de la más extraña de las minas, porque no había que cavarla, sino que sacudirla. Su extensión representaba una estrecha faja de terreno de unos ocho o diez kilómetros de longitud, que era lo que recorría el rapaz en la busca. El carbón no estaba bajo tierra, sino que venía en el tren. Cuando los trenes salían de La Coruña, las carboneras, llenas hasta rebosar, subían la cuesta de Cecebre mostrando una montaña de briquetas ordenadamente acumuladas. Si la marcha era violenta, no resultaba raro que varias de estas briquetas cayesen a la vía en las curvas. Y Fuco podía volver de su excursión con algunas libras. Pero el agradable fenómeno carecía desdichadamente de leyes fijas. Transcurrían semanas enteras en que apenas se podían reunir unos cuantos fragmentos escapados de la pala del fogonero. El mérito de Fuco estaba en haber ideado el medio de regularizar en cierta medida la producción. Una de las más cerradas curvas pasa por una trinchera de altas paredes. Allí, Fuco suele colocar una piedra de cuarzo sobre el carril -a veces, más de una-; las ruedas de la locomotora saltan un poco, las ruedas del ténder saltan también un poco… Entonces, de la pila de carbón caen uno o dos de aquellos prismas valiosos. Esto es poner la mina al máximo del rendimiento, y no se puede hacer con demasiada frecuencia por si acaso se entera la guardia civil.

El precio del mineral Fuco era de competencia: cinco céntimos la libra. En la ciudad costaba diez. Sin embargo, aunque la ganancia resultaba pequeña, todo era ganancia.

La inclinación de Fuco es decididamente hacia el combustible. Sube a los pinos con la ligereza de un pico-carpintero, apoyando sus pies descalzos como si hubiese bajo ellos invisibles peldaños, y roba las pinas secas para venderlas en las casas de los señores. A veces le da el dinero a su madre; a veces no. Entonces la madre maneja el ingenio peculiar de la familia para descubrir dónde ha escondido su hijo los cuartos.

Prescindiendo de sus actividades económicas, Fuco es el azote de todo lo viviente con tal de que sea más débil que él. Cazador de pájaros, destructor de alimañas, enemigo irreflexivo, automático de cuanto se mueve cerca de sus manos o de sus pies: la mariposa o la hormiga, la lagartija o la araña; cuando trepa a los árboles no aparta las ramas que le estorban: las rompe; frente a una cueva le inmoviliza la idea de hostigar al ser que supone oculto, y escarba en ella con palos o enciende hogueras u obtura la entrada con pedruscos; si es un simple agujero, lo anega en orines; deshace los nidos, apedrea a las aves y su varita de fresno zumba incesantemente para cortar las flores y los vástagos tiernos y los brotes recientes, mientras él camina con su paso ruidoso y ligero por la fraga. Siente el placer humano de aniquilar, sin que por eso sea mejor ni peor que los demás hombres.

El estrépito del calzado de madera se apagó sobre la tierra blanda. El tejón, que parecía una magnífica bola de piel, avanzó la cabeza hacia su huésped, y Hu-Hu, la mosca, que burlaba la lluvia en aquel lugar, se le posó entonces en el hocico. El tejón la espantó con un estremecimiento.

-¡Sucio ser! -gruñó-. ¿Cuándo se acabará este odioso Pueblo Pardo? Furacroyos no tenía ningún motivo de resentimiento contra las moscas. Quizá fuese el único animal con quien no se encontraba porque no se aventuraba jamás por sus corredores. Así, prescindió de las palabras del tejón y explicó:

-Mi casa está destruida; el agua deshizo mi trabajo. El tejón dijo:

-Mal tiempo es éste para tener que andar por la fraga. Furacroyos aclaró:

-Aún me quedan largas galerías donde vivir sin molestias. Pero mi esposa ha desaparecido. Anteayer fue a abrir una nueva salida al patatal, porque se habían obstruido las otras, y no volvió. La esperé todo este tiempo, y no volvió. Ahora voy en su busca. ¿La habrás visto tú, acaso?

-Desde que el verano terminó, eres el primer topo que encuentro.

-Yo -confesó humildemente Furacroyos apoyando la barbilla en el suelo- no sé moverme en este mundo vuestro; no conozco a nadie y veo mal. Hay demasiadas formas y demasiados colores, y a cada instante sucede algo que me parece terrible.

¿No podrías decirme qué puede haber ocurrido con mi mujer?

-Quizá un labrador atacó a sus hijos y ella quiso defenderlos y la mató también.

-No fue así.

-Pues no sé -terminó el tejón-; a mi mujer la mataron por eso.

-¡Matar...! ¿Quién podría querer matar a la pobrecilla? Tenía una piel de terciopelo, suave como nunca hubo otra. Era un placer mirarla y acariciarla. Nunca hizo daño. Nadie sentiría más que dolor en destruir aquella maravilla.

Hu-Hu abandonó su asidero de la pared y se puso a revolotear ruidosamente.

-¡Nosotros sabemos dónde está! -ronroneó-. ¡Nosotros sabemos lo que ha pasado!

-¿Y qué ha pasado? -preguntó Furacroyos con ansia.

-Yo no -respondió Hu-Hu, avanzando sobre la cabeza del tejón-, pero alguna hermana mía lo habrá visto, porque nosotras estamos en todas partes y lo vemos todo y lo sabemos todo, y por eso valemos más que nadie.

-Entonces -suplicó el topo-, si este pájaro pequeñito quisiera preguntar a sus hermanas.

-¡Pájaro pequeñito! -rió el tejón-. No es sino la más vulgar de las moscas, y aunque su miserable familia hubiese visto algo, lo habría olvidado al instante.

-Pues ilústrame tú, que conoces lo que hay que conocer. ¿A quién me dirijo? El tejón caviló un momento.

-Quizá al raposo -decidió-; el raposo es el más sabio de todos nosotros.

Y Furacroyos marchó. Penetró hasta lo más espeso de la fraga y allí encontró la cueva del raposo.

-¡Que el hombre te ignore! -le dijo, porque ésta es la fórmula con que se saludan todos los animales de la fraga.

Y en seguida narró su tribulación.

-Si quieres que te diga lo que pienso -opinó el zorro-, es que la mató cualquier campesino.

-¿Para qué?

-¡Cómo para qué! Para devorarla.

-Imposible -rechazó el topo-. Nosotros no servimos para el estómago de los hombres. Y ella no tenía más que su piel, su hermosa piel, más leve que los vilanos del cardo.

-Eso no quiere decir nada. ¿Conoces al hombre gordo que vive en San Fiz y que posee las gallinas más sabrosas de la comarca?

-No.

-Unas que tienen el pescuezo pelado y que saben a leche con azúcar.

-Soy un pobre ignorante que vive alejado del mundo.

-Te aseguro que vale la pena conocerlas. Pues bien, a ese hombre le regalaron un cabrito y lo tuvo unos días atado en su huerta, entre las coles. El cabrito era un amor, con su pelo brillante y sus cuernecitos, y balaba como los mismos niños del hombre gordo. Enternecía. Pasada una semana lo mataron, y lo pusieron al fuego, y le echaron encima muchas cosas y lo rodearon de patatas. Aquella misma tarde el hombre gordo lo tiró a la carretera desde la ventana de su comedor, y quedó allí, despellejado, tostado, con las piernas cortadas, sin cabeza, tristemente inútil.

-¿Por qué? -inquirió horrorizado Furacroyos.

-Porque estaba duro.

-¿Estaba duro?

-Sí, estaba duro. ¡Pues para eso no hay que matar a nadie! Muchas veces he cazado yo gallinas tan viejas que tenían la carne de cuero, y no les hice el agravio de abandonarlas. Cuando se mata hay que comer. Es lo que nos autoriza a romper vidas. Sólo el hombre puede hacer otra cosa.

El topo cerró sus ojillos para pensar.

—No —dijo—; ni el hombre gordo de San Fiz ni ningún otro pudo matar a mi compañera para probar su carne. ¿Quién sabría decirme dónde está?

—Pregúntale al cuervo —aconsejó entonces el raposo—. El cuervo se entera de todos los sucesos importantes y de todos los menudos sucesos de la parroquia y de más allá de la parroquia.

Y el topo volvió a arrastrarse entre los tojos y los helechos que goteaban agua sobre él, y llegó a un claro de la fraga, donde el cuervo más viejo de cuantos vivían en el bosque comía unos despojos.

—Que el hombre te ignore —saludó Furacroyos—. Mi mujer desapareció hace tres días y nadie la ha visto en la fraga.

—Yo sé dónde está tu mujer —graznó el ave negra—. Cuando removía la tierra, Fuco la espió y se apoderó de ella. Y yo le vi llevarla al pazo. Y la dejó allí.

—¿Para qué?

—Habría que ir al pazo para descubrirlo.

Y se marchó, porque otro cuervo le llamaba desde la lejanía.

La lluvia comenzó a caer nuevamente. A un lado y otro del camino de carro, las rodadas eran dos arroyuelos paralelos que copiaban el curso de los grandes ríos enfurecidos por las avenidas, y ofrecían relieves y dibujos extraños al remontar los guijarros medio hundidos por las llantas de hierro, y arrastraban hojas podridas que a veces se acumulaban y hacían nacer una presa negruzca, donde el hilo de agua se estancaba y el ocre de la arcilla disuelta era más fuerte. Fuera del bosque las gallinas corrían, contoneándose, a buscar el abrigo de las pallozas y, privadas de otra labor, hundían el pico entre las plumas para comer sus piojitos. De los finos agujeros, donde viven las larvas, salían burbujas de cristal. No, no era grato aquel tiempo, y Furacroyos nunca había andado tanto y nunca había sufrido tanto el infeliz.

Estaba tan disimulada la entrada a los subterráneos donde se guarecen los ratones, que tardó mucho en encontrarla; pero ya allí, en aquel medio que le recordaba el suyo habitual, recuperó las energías.

Los topos viven aislados, más al ratón no le importa acumularse en familias y sus corredores forman a veces una red bajo la tierra. Acudieron en tropeles a escuchar a Furacroyos, y el jefe, un ratón que había cometido la inexplicable proeza de penetrar en el hórreo de Juanita Arruallo, sostenido en lo alto de cuatro pilares de piedra lisa, le llamó tío suyo, porque los ratones del campo se pagan mucho de ciertas pequeñas semejanzas con los topos y admiran su piel y respetan el patriarcalismo y la austeridad de su retirada vida.

-¿Cómo haré para llegar hasta mi esposa? -gimió Furacroyos al terminar su relato.

-Se puede llegar a todas partes -dogmatizó el jefe.

-Pero el pazo está rodeado de murallas lisas como la hoja del eucalipto -se dolió el topo- y sus cimientos se hunden hasta más abajo de donde soy capaz de horadar. Sólo un pájaro podría llevarme.

-Nada hay en el mundo, querido tío, que esté libre de nuestras visitas -contestó el jefe con orgullo, quizás pensando en el hórreo de Juanita Arruallo-. Sígueme.

Y avanzaron por galenas y galenas que parecían no acabarse nunca. A veces eran tan estrechas que Furacroyos pasaba como un cepillo dentro de un tubo y a veces se ensanchaban para abrigar a una nidada de ratones; había también como plazoletas, y una de ellas, dilatándose bajo un castaño centenario y surcada del techo al suelo por raíces gordas y finas, retorcidas o rectas, como columnas caprichosas, era lo más impresionante que el topo había podido ver. Otras galerías se cruzaban con la que ellos seguían y formaban un dédalo, en el que, sin embargo, el jefe no vacilaba. Ratones grandes y ratones pequeños, enemigos de la quietud, iban y venían, y en ocasiones chocaban contra ellos al desembocar alocadamente de un corredor. Silenciosamente, un grupo de curiosos los seguía a distancia.

Anda, anda, anda, anda, los subterráneos adquirieron un declive pronunciadísimo y luego subieron en rampas casi tan inclinadas.

-Ya hemos rebasado los muros -anunció el ratón, deteniéndose- y el pazo está ahora sobre nosotros. Buscaremos en todo él hasta encontrar a mi venerable tía y libertarla.

-¡Ay! -exclamó el topo-. No me atrevo a esperar que esté con vida; lo que me mueve, más que nada, es acertar el motivo de su infortunio; saber por qué han cortado la existencia de un ser tan inofensivo y tan helio. Conocer su culpa: ése es el afán que me hiere.

-Si la han preso, roeremos su jaula; si se ha extraviado, le enseñaremos el camino. ¡Ánimo! -alentó el ratón.

Y continuó guiándole al través de un nuevo laberinto. Ahora las galerías abríanse en cal y entre grietas de la sillería y atravesando vigas de negruzca madera. Más angostas aún, y más difíciles, representaban la labor de centenares y centenares de generaciones de ratones. En cada habitación del pazo había una o dos salidas disimuladas con tal habilidad, que si el topo no fuese enfrascado en su ansia, no dejaría de alabarlas calurosamente. Su guía le llevó primero a un cuarto penumbroso, lleno en el suelo, en las paredes y en el techo de objetos de diversas formas.

-La despensa -explicó-. ¿Quiere mi tío tomar algo?

Pero Furacroyos no pensaba en tal cosa. Asomáronse con grandes precauciones a la cocina y a varios dormitorios y al salón principal, donde estaba una librería muy abundante, pero -en opinión del guía- bastante insípida, si se exceptuaban los lomos de piel de ciertos volúmenes. Después subieron al desván, donde corrían juguetonamente quince o veinte ratones, mientras otros trepaban por los muebles viejos amontonados y se erguían sobre las patas traseras y ofrecían todos el gracioso espectáculo de su agilidad. Abrenoite[2], el murciélago, se había despertado ya y asustó a Furacroyos con la agitación de sus alas antes de salir por una grieta bajo el alero del tejado.

Desde allí, el topo y su compañero bajaron hasta el comedor y del comedor pasaron a una estancia contigua en la que resonaban voces humanas.

Había una hendidura en un rincón y los dos viajeros pudieron aventurar el hocico para mirar. Un brasero de cobre recién removido contenía la miniatura de un volcán; los vidrios de la ventana, envahados, reflejaban borrosamente la clara y doble llama de acetileno y, por fuera, corrían sobre ellos el agua de la lluvia; el aire era tibio; la costurera de Frais, sentada en una silla pequeña de madera y de paja, cosía algo en silencio; cerca -cada una en su butaquita de un rojo desvaído-, la hermana y la esposa del hidalgo del pazo conversaban. La hermana tenía en sus manos una tablita en la que estaba extendida y clavada una piel de medio palmo, gris como una nube de invierno, y la contemplaba, satisfecha.

La esposa del hidalgo habló:

-Tiene un tono bonito y se lleva mucho. Y la costurera:

-Aún le faltan cinco más para las guarniciones de las mangas.

-Ya tengo siete -recordó la hermana. Y la costurera repitió:

-Aún le harán falta cinco más.

Cuando el jefe de los ratones murmuró al oído de Furacroyos: «¿Es la piel de mi tía?», el topo no pudo responder. Estaba tan angustiado, tan abatido, que su acompañante tuvo pena de él y le propuso:

-Vamos a llevárnosla. Llamaré a media docena de los nuestros y entraremos corriendo. Estas mujeres salen siempre despavoridas en cuanto nos ven. Entonces escaparemos con todo lo que queda de la pobre tía.

-No, no -balbució apenas el topo.

Y se quedó allí mucho tiempo. El esforzado ratón se retiró un poco, respetuosamente. Furacroyos estuvo mirando la suave piel, de pelo tan liso y fino como los vilanos del cardo; mirando, mirando…

La razón de aquel drama se abría paso lentamente en su cerebro, como una polilla en la madera. El ratón, que le esperaba, le oyó murmurar al fin:

-Entonces… ¿era para eso…, para un gabán?…

Estancia V: Las Mujeres Perdidas en el Bosque

Los primeros que presienten la llegada de la noche son los árboles. Se van quedando quietos y toda la fraga enmudece. Desde fuera se ven ya como grutas de sombra en el verdor y las copas más altas se recortan sobre el cielo tan inmóviles como si estuviesen pintadas. Cuando los cuervos y las palomas torcaces llegan desde muy lejos a reposar entre la fronda, ya el bosque tiene una gravedad impresionante, en la que el simple chillido de un pájaro suena irreverentemente como el grito de un niño en una catedral. Todos los animalitos están ya en sus guaridas y el raposo no ha salido aún. La humedad de la tierra sube en neblinas, como si el mundo se comenzase a desleír antes de convertirse en sombra.

La luz se hace todavía más tenue, y entonces se formula la segunda premisa de la noche: los tejados del pazo y de la casa del cura principian a humear murciélagos por sus bordes. Casi invisibles aún, van y vienen, vienen y van, zigzaguean, apresurados, porque están zurciendo las sombras dispersas para que no quede claridad ni rendija en el traje negro de la noche.

Después, apenas ocurre nada más. Sobre aquella pizarra oscura, el río se entretiene en dibujar su curso con blanco de bruma. Y las casas se cierran. Y una luz parpadea a través del follaje. Acaso un amarillo resplandor luce entre troncos rectos o desborda de una corredoira, porque alguien pasa aun llevando una antorcha de paja. Luego toda la tierra se queda misteriosa, expectante y vacía, como un teatro donde ha terminado una representación y se espera a actores distintos, que traen otros trajes y otra voz y precisan otras decoraciones.

Es entonces cuando junto al tronco hueco de un castaño o en el borde de un tojal el fantasma de la fraga se yergue y despereza e inicia su recorrido.

Y es cuando este pequeño mundo aldeano no tiene otros señores que los perros. Los hombres duermen; pero han dejado en los campos su siembra, y en los hórreos sus frutos, y en todas partes su ley. Y su ley es ciega, sorda e inútil, como un ídolo de piedra si no tiene a su lado una garganta que la recuerde y un arma que obligue al respeto. El hombre no puede dejarla sola, ni en las ciudades ni en el campo. Y cuando quiere dormir, le da por rodrigón al único animal -el perro- que es capaz de comprenderla y de identificarse con nuestras propias preocupaciones.

En las tinieblas, él vigila la heredad. Lucha con el zorro, avisa la presencia de ladrones en el maizal, y cuando la Muerte pasa de camino para alguna choza y lo quiere ahuyentar con el mango de su guadaña -porque sus calcañares sin carne temen los colmillos de los perros-, aúlla largamente para que conozcan su vecindad.

Las hermanas Roade quisieron comprar un perro. Por primera vez en su vida habían salido aquel verano de la capital. Eran dos: una tenía cuarenta y cinco años, la otra cumpliría los cincuenta por Reyes. La mayor estaba aquejada por catarros y el médico había impuesto un veraneo en la aldea, alejadas del mar. Llegaron juntas, eligieron una casita de juguete, blanca y pequeñita, próxima a la fraga. Costaba poco y no daría mucho trabajo el limpiarla. El día que la visitaron lucía el sol y todo era colores y aromas del campo. Después de alquilarla regresaron contentas, discutiendo proyectos e impacientes por trasladarse allí. Enviaron algunos muebles y contrataron para las faenas más rudas la asistencia de una aldeanita, que marchaba a dormir a la casa de sus padres. Ellas tenían apenas el dinero preciso para subsistir. En la ciudad su vida era también muy modesta.

El primer día estuvo lleno de deliciosas revelaciones. Había un ciruelo en su huertecillo y nunca les supo mejor ninguna fruta que aquella que tomaban, desprendiéndola del mismo árbol. El reposo en las largas sillas de lona abiertas ante la casita les pareció vivificante. Se encontraban recíprocamente mejor color. Supieron con alegre extrañeza que podían coger, para encender la lumbre, las ramas y las pinas caídas en el bosque vecino, sin que se las cobrasen ni las reprendiesen. El cielo se les antojó más profundo y más amplio; la gente que invocaba al Señor al saludarlas, más fraterna y sencilla. Por la tarde se aventuraron por el bosque, y Amelia, la menor, dijo que le recordaba los cuentos de hadas, y Gloria, la mayor, corroboró que la impresión era exactamente ésa. Pero no anduvieron más de unos cincuenta metros, porque una pensó en los lobos y la otra preguntó en voz alta si habría víboras. Creyeron de repente estar a muchas millas del mundo civilizado, que tiene guardias, y bomberos, y policía secreta y soldados de Artillería. La soledad era tan densa que las sofocaba. Regresaron con la inconfesada emoción de ser perseguidas, aunque se ofrecieron después volver todos los días y hacerse de cualquier rama unos bastones, por si salían «esos bichos que hay siempre en el campo».

Pero aquella noche les penetró un gran recelo. La inmensa quietud, el desacostumbrado silencio cayeron sobre ellas como si la quietud y el silencio tuviesen gravedad. Les pareció estar solas en el mundo. Fueron las dos con una luz a cerrar la puerta, hablando en voz baja, con miedo de que alguien estuviese escuchando al otro lado, y aseguraron las contraventanas. Antes de acostarse, Amelia volvió a examinar el cerrojo porque se le ocurrió la sospecha de que Gloria se había olvidado de correrlo.

Tardaron mucho en dormir. Boca arriba en sus camas, para escuchar con ambos oídos, prestaban atención a la noche. Una polilla imitaba el ruidillo de dar cuerda a un reloj. Una hora, otra hora. Ladró lejos un perro, y otro, aún más lejano, le ayudó en sus amenazas a las sombras. Entonces Amelia susurró desde su cama:

-¡Gloria!

-¿Qué?

-¿Oyes?

-Oigo.

-Están ladrando todos los perros. ¿Pasará algo?

-No sé.

-¡Ay, Jesús! ¿Qué será?

Escuchaban con los ojos abiertos en las tinieblas. El silencio volvió. Cada una se puso a rezar mentalmente. Y para saber cuándo, el sueño las liberó de sus temores.

Ya fue siempre así: los días gratos y las noches temibles. Cada alborada hacía huir el miedo detrás de las últimas sombras; pero regresaba también con ellas, y las dos hermanas que se habían reído de él horas antes del ocaso, volvían a encontrarle fundamento y le rendían su voluntad.

Algunas veces hablaban con aquel señor pálido y mal vestido que preparaba una tesis para alguna oposición en el retiro de la aldea. Tenían gran confianza en su saber, y un día le encargaron que les comprase un perro.

-Un perro, ¿para qué?

Siempre hablaba un poco hoscamente y el principal defecto que le encontraba Amelia era que nunca se sabía cuándo exponía una idea formal o cuándo se burlaba.

-Un perro para guardar la casa -contestó Gloria-. Así estaremos más tranquilas.

El señor de la tesis permaneció callado como si no la hubiese oído, lo cual molestó un poco a las dos hermanas; pero al fin dijo:

-Es verdad que ellos son nuestros guardianes lealísimos, y sin embargo... Hace algún tiempo, señoras mías, he comenzado a pensar que cometemos una terrible imprudencia otorgando al perro ese papel en la sociedad; Una imprudencia que puede costarnos gravísimos disgustos.

-¿Es posible? -exclamaron las dos hermanas, prontas siempre a alarmarse. El hombre iba andando junto a ellas, encorvada su flaca figura. Y continuó:

-De la inteligencia del perro se ha hablado y escrito mucho, pero incompletamente. Hay fallos..., hay lagunas... Los hombres suponemos esa inteligencia limitada hasta el punto que conviene a nuestra vanidad de seres superiores a todos los seres. Tenemos la pretensión de poder definir, de distinguir y precisar los límites. Decretamos cierta cantidad de inteligencia en el perro, cierta cantidad en el asno y en la hormiga y en la abeja y en el buey; creemos conocer sus horizontes cerebrales, basándonos en observaciones casi frívolas, en exteriorizaciones de su vida puramente fisiológica o, poco menos. Nos decimos: «Son animales irracionales», y quedamos perfectamente convencidos. Es el orgullo de nuestra especie el que nos hace enjuiciar con tanta ligereza. No obstante, yo podría preguntar al sabio más sabio: «¿Conoce usted acaso el alma de su amigo, de su hermano, de la mujer a quien ama? Ciertamente no, aunque ellos se expresan en un idioma que usted entiende. ¿Cómo puede, entonces, aspirar a conocer lo que bulle en el cerebro de un animal del que nunca ha recibido ninguna confesión descifrable?» Esto preguntaría yo, y no es fácil que me contestasen satisfactoriamente. Hemos resuelto: «El perro es un animal irracional», y dormimos confiadamente sobre esta hipótesis aventurada. Consecuentes con ella, dejamos que el perro se inmiscuya en nuestros asuntos y tenga -¿por qué no decirlo?- un lugar en nuestra sociedad. Le conferimos empleos, como el de guarda de nuestras fincas, sin preocuparnos de sus ideas, ya que creemos que no las tiene.

-Pero ¿es que las tiene? -inquirió Gloria, escandalizada.

-Si supiéramos prudentemente que sí, guardaríamos, sin duda, alguna de esas elementales preocupaciones, haríamos ese previo examen, al que sometemos sin excepción a aquellos cuyos servicios nos proponemos utilizar. Pero lejos de ser así, se le abre la puerta de la casa a un perro o se le suelta de noche en una heredad sin el menor escrúpulo. No ya nuestra hacienda, sino nuestra propia vida están, en cierta manera, a merced suya. En todo ello hay una monstruosa ceguera. Yo querría gritar en la cara del mundo esta verdad que ahora expongo ante ustedes: la sociedad peligra con esa intromisión de los perros.

-No nos diga usted esas cosas, que después no podemos dormir -rogó Amelia, muy fastidiada con aquellas noticias.

-¡Oh!, no es hoy ni mañana, pero no creo muy remota la fecha en que ocurra algo horrible. Escúchenme atentamente: el perro tiene ideas, el perro discurre como pueda hacerlo un hombre.

-¡No nos diga…! Nunca oímos tal.

-Lo que yo no sé es cómo no se descubrió ya esa verdad tan evidente. Por de pronto, el perro es capaz de entender un lenguaje. Entiende el nuestro, y nosotros no le entendemos a él. Nada sucedería si los perros conservasen sus ideas y sus costumbres propias. En ese caso no tendríamos que temer de ellos. Pero el mal está en que han asimilado nuestras preocupaciones, en que se han incorporado a nuestra civilización. Observen ustedes algunos hechos reveladores: los perros no muerden a los niños, lo que obedece a una idea de índole moral; muchísimos perros respetan a las personas bien vestidas y acometen a las que llevan trajes viejos y sucios: idea social de jerarquía. Algo más grave: el perro posee la noción exacta de la propiedad. Ningún can de nuestras aldeas se lanzará sobre las pantorrillas de quien camine por el sendero público de la huerta que él guarda. Pero que ese alguien ponga un pie, sólo un pie en esa huerta, y le acometerá. Esto nos parece encantador porque no hemos cavilado que, una vez suscitada la idea de la propiedad en el cerebro de un perro, nadie puede impedir este hecho angustioso: que el perro medite acerca de tal idea.

-No entendemos bien.

-Pues es sencillísimo. Si el perro es evidentemente capaz de entender la propiedad, ¿por qué suponemos que se ha de detener ahí, y que no elaborará reflexiones, y que esas reflexiones no influirán sobre su conducía? Sólo la estúpida vanidad humana puede cerrar el paso a tal sospecha que... en mí no es ya sospecha, sino seguridad. ¿Conocieron ustedes a Metralla?

-No. ¿Quién era Metralla?

-Uno de los perros del pazo. Tuvo una época casi de ferocidad, en la que nadie ajeno a la casa podía tocar un fruto ni una flor. Después pasó mucho tiempo meditabundo y como enfermo. Era que filosofaba. Al salir de aquella crisis, su conducta cambió. Todo el mundo podía ir a robar las pavías, que si él ladraba era para advertir al ladrón del peligro cuando algún criado se acercaba. Una vez llegó, guiando a un mendigo ciego y viejo, hasta el comedor del pazo donde almorzaban sus dueños, los señores D'Abondo. Al fin escapó; se le vio acompañando a esos chicos desarrapados que cogen pinas en los pinares, y más frecuentemente al perro de los Esmorís, al que sus amos no dan de comer nunca. Luego se retiró a la fraga y no se supo de él... Apareció inesperadamente un domingo a la puerta de la iglesia y mordió a cuatro personas que conversaban en el atrio en espera del tercer toque. Sólo yo me fijé en que eran los cuatro primeros contribuyentes del Concejo. Se trataba claramente de un atentado. La gente dijo que el perro estaba rabioso y lo mató. Pero no estaba rabioso. Había meditado y había encontrado, sencillamente, el comunismo.

-No puedo creerlo -exclamaron a un tiempo las dos hermanas.

-Si ustedes admiten -y es indudable- que un perro sabe que tal cosa tiene un dueño y que el que intenta hurtarla comete una trasgresión punible, merecedora de un mordisco, ya no pueden resistirse al fenómeno de que ese perro opine que la punición es justa o injusta. Más exactamente: comprender una ley es más difícil que estar o no estar conforme con ella. Aquello es lo principal y esto lo consecuente. Logrado lo uno, lo otro se desprende de ello con naturalidad mayor o menor. Por eso sostengo que esto de los perros es un peligro.

Las hermanas Roade no llegaron a encontrar muy seguros los peldaños de tal argumentación, y todo lo que extrajeron de ella fue un confuso motivo para aumentar su temor a los canes.

-¡De cuántos extraños asuntos hay que ocuparse cuando se abandona la ciudad!

-caviló Gloria-. El campo es tremendo.

-Es el único sitio donde se puede vivir -gruñó con su voz de bajo el hombre de la tesis.

-Sí; como medicina, sí. Podemos definir el campo diciendo que es una buena medicina.

-¡Qué locura! ¿Por qué no definir la ciudad diciendo que es un magnífico veneno?

-¡Oh, pero las calles, los espectáculos...! Sólo asomarse al balcón y ver pasar la gente ya llena las horas.

-¿Y qué mejor espectáculo quiere usted que la contemplación de todo esto? Aprenda a ver pasar las nubes y le producirá mayor placer que el desfile estúpido de los transeúntes. En Madrid, siempre que puedo, escapo a la Sierra.

-¿Vive usted en Madrid?

-Sí, pero aquí, en mis veraneos, trabajo mejor; escribo con más soltura...

-¿Quizá hace versos? -indagó Amelia, ilusionada.

-Nunca hice versos -afirmó el hombre pálido, que pareció avergonzarse de suscitar semejante sospecha-; trabajo en asuntos científicos.

-¡Ah!

-Pero... no es que me falte imaginación; no crean ustedes que... A veces tengo ideas que necesitan una expresión literaria y, por distraerme, escribo entonces cuentecillos. Anoche terminé uno.

-¿Lo trae encima? -preguntó ansiosamente Amelia.

Aunque aquella expresión le pareció al hombre de la tesis más propia para referirse a un saco que a un cuento, fue incapaz de negarlo, como les ocurre a todos los aficionados, y confesó que llevaba las cuartillas en su bolsillo. Entonces Amelia le dijo que esperaban merecer el favor de oírselo leer, porque a ellas les gustaba mucho la literatura, y él aseguró que no valía la pena, que lo había escrito por distracción y que nunca mostraba a nadie esta clase de trabajos que estaban al margen de sus orientaciones y aptitudes. La hermana mayor apoyó las súplicas de la otra, más que por nada, porque llegaba el crepúsculo y tenían que recorrer una corredoira que ya estaría oscura, en la que la compañía del hombre flaco ahuyentaría el miedo. Al fin, el autor del cuentecillo accedió, pensando acaso que no faltaba a sus normas, ya que leer sus divagaciones a aquellas sencillas mujeres era como no leérselas a nadie. Y cuando las hubo acompañado hasta su casa y ellas encendieron una luz, sacó unos papeles arrugados del bolsillo. En el fondo sentía el placer propio -tantas veces causa del aburrimiento ajeno- de declamar su retórica ante un auditorio. Quiso advertirles:

-La principal ventaja de mi cuento: es breve.

-¿Cómo se titula? -interrumpió Amelia.

-El hermano hombre. Es un cuento de Nochebuena.

-Y ¿por qué escribe usted en el verano un cuento de Nochebuena? -indagó, preocupada, su interlocutora.

La pregunta debió de parecerle extraordinariamente inesperada al hombre pálido, porque se desconcertó e hizo esperar su respuesta.

-Bueno... -dijo al fin-, en verdad pudiera referirlo a cualquier otro día; pero como hago intervenir a diversos animalitos que no suelen encontrarse juntos, necesitaba alegar que existía una paz, una tregua entre ellos, y me pareció un buen pretexto para la concordia el de esa conmemoración del suceso más amoroso y conmovedor de que fue teatro el mundo.

Pasó las cuartillas entre sus dedos y rectificó, un poco azorado:

-Ahora que me fijo bien, veo que no es tan breve...

-¡Lea, lea! -pidió la menor, ya impaciente.

-Lea usted -le animó Gloria, que estaba pensando: «¡A ver a qué hora vamos a hacer nuestra cena!»

Y el hombre de la tesis leyó, sin más incitaciones, unas páginas que decían así:

«EL HERMANO HOMBRE»

«(Una calva del monte, rodeada de pinos inmóviles y negros. La luna es tan blanca, que sólo algunas estrellas, en el lado opuesto a ella en el cielo, se atreven a lucir. Un picacho enorme recorta claramente su sombra sobre la nieve del calvero. La nieve tiene huellas de menudas pisadas. Bañado por la luz blanca y fría, un acebo muestra sobre sus hojas espinosas pequeños montoncitos de copos, como golosinas preparadas pura algún comprador. Junto al acebo se han reunido algunos animales. Hay dos corzas, y un lobo, y un gordo conejo con todos sus hijos de la última carnada, y un oso de parda piel, y otro conejo, delgado y sucio, de pelo rubio y blanco).

El conejo gordo al flaco: Allá abajo, en los campos vecinos a la ciudad, lados nos hemos alegrado de tu evasión. Mi mujer hubiese también querido venir a verte, pero la pobre está otra vez en días mayores... Un familión, compañero. (Suspira). En fin..., parece que no te ha ido muy bien entre los hombres. Vienes tan delgado...

El conejo flaco: La caminata y los sobresaltos me han puesto así. Madrid está muy lejos de la Sierra y he pasado grandes apuros en el camino. No era comida lo que faltaba allá, podéis creerme. Me he dado hartazgos de cosas que no probaréis nunca los que no habéis estado en un corral.

El conejo gordo (relamiéndose): He oído decir que se come muy bien en los corrales.

El lobo: Se conoce en seguida por el sabor de la carne a las piezas criadas en corrales. Los hombres saben lo que hacen.

El oso: Creo que sí. En la montaña se sufre mucha hambre, sobre todo en los meses de nieve. Pero aun así, en ninguna parte se vive mejor que en la montaña.

El conejo gordo: Las cercanías de la tierra de labor son preferibles cuando se tiene tanta familia como yo. Se disfruta de menos libertad, pero hay coles, y los hijos se crían más robustos. ¿Vas a quedarte tú en la montaña?

El conejo flaco: Sí, tengo miedo a los hombres.

Los corzos (estremeciéndose): ¡Son terribles los hombres!

El lobo: Según. Yo comí uno, cierta vez, que sabía a sardinas. Pero cuando se alimentan razonablemente, son un gran bocado.

El oso: Si no hiciesen más que matar, podría perdonárselos. Nosotros también matamos. Ellos hacen algo peor: envilecen. A un hermano mío caído en cautiverio le obligaron a tocar la pandera y a pedir limosna. Se escapó, al fin; pero estaba ya tan desmoralizado, que cuando veía a un hombre corría detrás de él con la mano extendida. Cuando murió encontramos en su cueva ocho duros en calderilla. Era una vergüenza para nosotros.

El conejo flaco: Yo he visto en la ciudad caballos que llevaban sombreros de paja.

El oso: Es ridículo. Lo envilecen todo, lo envilecen todo.

(Los gazapillos han estado haciendo cabriolas sobre la nieve, persiguiéndose unos a otros, con los rabitos tiesos, y saltando como bolitas de sombra en la radiante blancura. Brinco a brinco, han entrado en las tinieblas que proyecta el picacho sobre el calvero del bosque. Pasan unos minutos. De pronto reaparecen en la luz, corriendo velozmente, y se refugian junto al acebo; uno tropieza con una rama y cae, lanzando un chillido).

El lobo (abarcando la carnada con un mirar de gula): ¡Cuan graciosa es la infancia! ¡Qué bellas son estas criaturas! (Al caído, cariñosamente). ¿Te has hecho daño, entremés de mi vida?

El gazapillo: ¡Un hombre! ¡Un hombre!

El lobo: ¡Son tan delicados! ¡Un pequeño tropezón, y ya delira! (Al padre). Temo que ya no le sirva a usted para nada este chico. Podíamos comerlo.

Los demás galopillos (cobrando aliento): ¡Un hombre! ¡Hemos visto un hombre! (Hay un movimiento de sobresalto en todo el grupo. Los corzos huyen hacia los pinos inmóviles. La sombra del acebo ampara a los animales asustados. El lobo pregunta al fin:)

El lobo: ¿Dónde está?

Un gazapillo: Al pie del picacho... Sobre la nieve.

Los demás gazapillos: Tendido sobre la nieve.

El lobo: ¿Muerto? Un gazapillo: Sí. Otro gazapillo: ¡No! Otro gazapillo: ¡Sí!

(El lobo se marcha con pisadas cautelosas, dando un rodeo por el bosque. Poco después se oye un aullido de llamada. Los conejos y el oso van hacia él, guiados por el lucir de dos ojos como dos llamitas engarzadas en la negrura. Las tinieblas que tan hoscas parecen desde el espacio que la luna baña, se dulcifican al penetrar en ellas los seres y los envuelven en el misterio de una suave claridad. Se ve una roca que surge de entre la nieve, y una mata de espino, negra y sin hojas, y los troncos rectos de los árboles. El lobo está junto a un cuerpo humano inerte sobre el helado suelo. El oso se acerca con lentas pisadas; detrás va el conejo flaco; luego el conejo gordo; después, en hilera, los siete gazapillos de hocico blanco. Cuando se detiene el oso, todos los hocicos erizados de temblones bigotes avanzan con un mismo movimiento y hacia un mismo lado para mirar. Hay una profunda emoción en el grupo).

El oso: ¿Está muerto?

El lobo: No. Pero no llegará al amanecer. Se está helando. Ha debido de rodar desde el pico y se desmayó entre la nieve. Si lo degüello ahora mismo, le hago un favor. Creo que debía llamar a mis compañeros.

El oso: ¿Es un cazador?

El lobo: Naturalmente, es un cazador.

El conejo gordo: ¿Qué hacemos?

El lobo: ¿Y qué hemos de hacer? Ésa es una pregunta digna de un conejo. (Le mataremos! ¿No es así, compañero oso?

El oso: Sí…, debemos matarle…; es un cazador.

El conejo flaco (que, más familiarizado con la presencia de los hombres, se acercó a mirar al desmayado): Pero… ¡Santo Dios…! ¡Si es don Manuel»!

El oso: ¿Quién es don Manuel?

El conejo flaco: ¡Mi último dueño, el dueño que yo tenía en Madrid! Le conozco perfectamente.

El lobo: Entonces podemos devorarlo con más satisfacción. Debíamos comerlo ahora. Puede volver en sí y tiene la escopeta a su lado.

El conejo flaco: No es una escopeta.

El oso: No, es una lanza.

El conejo flaco: Tampoco es una lanza. Es un alpenstock, un herrado bastón de montaña. Mi dueño no cazó nunca.

El lobo: ¡Oh…! Espero que no nos pongamos sentimentales. Si el compañero conejo quiere su parte, la tendrá dentro de unos minutos.

El conejo flaco: Os digo que no es un cazador. ¿Por qué matarle? Es un hombre enamorado de la Sierra, como el amigo oso, como el amigo lobo, como yo. Los sábados se vestía un poco extrañamente, tal como ahí le veis, y se marchaba, con sol o con nieve, a recorrer las cumbres lejanas. No salía a matar ni trajo nunca, a su regreso, víctimas ensangrentadas. Miraba lo que no mira el cazador: la belleza del sol que nace o del sol que se pone; el aspecto fantástico de un risco; la hermosa figura, nunca repetida, de cada árbol; y oía el viento y el son del arroyo con el corazón lleno de dulzura. Un día escuché cómo contaba su visión de un corzo sobre el nevado peñasco, a la orilla de un precipicio, alto el testuz, arriba el cielo azul y abajo el extraño mar blanco fingido por la niebla que subía del valle. Y no se le ocurrió, como a alguien entre sus oyentes, lamentarse de no tener a mano el fusil con que romper aquella vida graciosa.

El oso: Yo he visto más de una vez hombres como éste trepar alegremente por la montaña y andar entre nieve, en los días más duros del invierno… ¿Por qué lo harán?

El conejo flaco: Yo lo sé, y vosotros lo sabríais también, si conocieseis su vida. En verdad os digo que no hay alimaña del monte más digna de compasión que los hombres de la ciudad. La ciudad tiene la inquietud ansiosa de un eterno acecho, en el que cada uno es pieza y es cazador. La ciudad es un ruido incesante: prisa, tumulto, voracidad, enloquecimiento. El raudal humano en las calles es como el tropel de animales que huyen de un bosque incendiado. El aire está podrido; el sol, enfermo; el agua, envenenada. Los pájaros tienen cárcel; las flores también. Unos arbolillos anémicos salen en sus tiestos a las aceras, como paralíticos en sus coches de mano, y se retiran antes de medianoche. Es una existencia de pesadilla. La ciudad es un corral de hombres. Y algunos hombres huyen -como yo he huido- de ese corral, aunque por poco tiempo. Sienten como nosotros la necesidad de reintegrarse a la tierra madre, tan bella; de huir de lo artificioso, de respirar el aire ancho y libre de las cumbres; de correr por el bosque o entre los picachos; de beber de bruces el agua del regato, tan fresca y limpia, que llena el alma de emoción, como si bebiésemos, de una vena de la tierra, sangre del puro y generoso corazón de la tierra. Gozan, como nosotros gozamos, este sencillo e insuperable sentimiento de la naturaleza no adulterada. Después vuelven tristemente a su corral inmundo. Son como nosotros mismos. Éste que ahí está, ignorante de que decidimos su suerte, no es el hombre feroz, enemigo nuestro. Es... el hermano hombre, que salió como nosotros de la tierra y que como nosotros la ama. Respetemos la vida del hermano.

El lobo: ¡Precioso discurso! Consiento en perder mis colmillos si este conejo no está en el último grado de la neurastenia.

El oso: Sin embargo... tiene razón... Debemos auxiliar al hombre que huyó de la ciudad, como ayudamos al conejo evadido.

El lobo (malhumorado): Bien. ¿Qué se puede esperar de un animal que se aviene a tocar la pandereta? En fin..., ésta es noche de paz y sois la mayoría... ¿Qué decidís?

El oso: Ayúdame a frotarle fuertemente para que reaccione. Pero esconde las garras. Piensa que tan sólo en este caso podemos quizá llamar a un hombre «hermano». Hagámoslo por el común amor a nuestra madre la naturaleza».

-¡Qué bonito cuento! -alabó Amelia.

-Muy bonito, muy bonito -coreó Gloria mirando su reloj de pulsera-. Con permiso de usted, voy a ver si la muchacha dejó partidas las pinas para encender el fuego.

Fue pocos días después cuando vivieron la noche más terrible de su existencia. Ya al anochecer, Abrenoite, el murciélago, las sobresaltó revolando sobre sus cabezas, de lo que dedujeron presagios. El cielo presentaba hacia el oeste una decoración infernal, con nubes color de sangre, a las que se iban acercando, como para saciar en ellas una sed de vampiros, otras nubes oscuras que recordaban vagamente monstruosas formas conocidas. Aquel aparato escenográfico con que el sol cerraba ampulosamente cada jornada, impresionaba y deprimía a las dos mujeres porque daba a la subsiguiente aparición de la noche un solemne significado que en la ciudad no tiene nunca. El día despedíase en el campo con ayes de luz, con rayos de sol abiertos en abanico que parecían brazos que se elevaban para decir adiós, con augurios de nubes, agarrándose a ellas en reflejos de oro o de rosa -ya oculto el sol- como si no quisiera marcharse o como si su ausencia fuese a durar tanto que temiese las mudanzas que la malaventura introdujese, en aquel tiempo, en las cosas y en los seres a los que bañara en su claridad. Tal un viajero que abraza a sus hijos cuando el tren va a partir para un lejano destino. Había en la apoteosis de cada crepúsculo una especie de precaución terrible y magnífica que podía interpretarse como una despedida a los que, sabiéndolo o no, estaban condenados a no ver la nueva aurora.

Y sin embargo, aquel mismo fenómeno tan sugeridor y amedrentante, en la ciudad sólo significaba que había llegado el momento de encender el alumbrado público.

Las hermanas Roade, después de aventurarse en un lento paseo por la aldea, solían permanecer en sus sillas hamacas hasta que se espesaban las sombras; pero aquel día el paso del murciélago las espantó tanto como si hubiesen sido objeto de los ataques de un águila, y se recogieron cuando aún era gris la luz. Cara a la puerta fijáronse entonces por primera vez en la opulencia del follaje de un olmo viejo que se alzaba, ancho y alto, casi sobre el tejado, en la frontera del bosque. Encima del olmo, un cúmulo enorme, redondo, hinchado, de bordes de nieve, avanzaba imperceptiblemente en el cielo. Debajo de aquellas dos moles superpuestas, la casita parecía en peligro de sucumbir aplastada. Una montaña de hojas y una montaña de niebla, sí, pero ¡qué amenazadoras, qué imponentes en aquel momento de la tarde! ¡Y qué pequeñita cosa era la mansión bajo las dos ingentes masas, con su único piso al ras del suelo y su exigüidad y su aspecto ridículo de ratonera humana, con la trampa -que era la puerta- preparada e invitadora!

Después de cenar, cerrados todos los huecos de la morada, aguardaban al sueño dando lentísimas vueltas al manubrio de una conversación sin interés. Amelia saltó de repente en su silla. Un insecto volante, todo negro, con el terrible aspecto de su armadura rematada en picos como cuernos, cayó con seco ruido sobre la tabla de la mesa. Un jabalí no hubiese producido mayor susto. Huyeron. En el umbral deliberaron acerca del mejor medio de librarse del invasor. Gloria llegó a doblar un paño para acometerle, pero el insecto se movió y ya no se atrevieron a disminuir la distancia que las separaba de él.

-Nunca he visto nada más feo -declaró la hermana menor-. ¿Será venenoso?

-Naturalmente. ¿Qué podría ser, si no?

-¡Se acerca al pan! ¡Se acerca al pan! ¡Échalo!

-¡Chut...! ¡Chut! -hizo la hermana mayor agitando los brazos para espantarlo.

-¡Chut! -repetía Amelia, parapetada tras la fraterna espalda.

Al fin abrieron una ventana, arrojaron un trapo contra el intruso, y el intruso, tras varios giros amedrentantes por el ámbito del comedor, desapareció en las tinieblas.

Fue en este momento cuando se sintió en el exterior un sonido metálico. Alguien había tropezado en el recipiente de hojalata donde se echaban las sobras de la comida para las gallinas. Las hermanas Roade se inmovilizaron,

-Andan ahí...

Escucharon, pero ya no se oyó nada más. Entonces cogieron la lámpara de acetileno y alumbraron el exterior.

Había una leve neblina y las sombras se dibujaban perceptiblemente en el mismo aire. La mano con que Gloria protegía la llama se proyectó, monstruosamente agigantada, en la atmósfera. Frente a ellas las hojas de los arbustos formaban una apretada pared. Por los intersticios podían vigilarlas. Sin decírselo, esta impresión se fue acentuando en cada una.

Todo estaba quieto bajo sus miradas, fingiendo una indiferencia encubridora de no sabían qué; pero cuando se movía la luz parecían moverse ramas, troncos y oquedades, como si fueran a acercarse o como si se preparasen a huir. La sombra de la mano de Gloria semejaba buscar algo en la copa de un laurel y luego se marchó hacia el cielo, a asirse a la negrura o a escarbar en su espesor misterioso.

De pronto pensaron que no eran ellas las que espiaban en la noche, sino que al través del follaje, por cada uno de sus lunares de sombra, ojos de sabe Dios qué enemigos las examinaban con atención cruel. El silencio llegaba desde el suelo hasta el infinito, y aquella luz hacía más negra la noche.

Entonces se sintió un frote en las hojas, un deslizarse o un rebullir...

-¡Cierra, cierra! -pidió la menor de las hermanas. Retiráronse con prisa.

-No me gusta este bosque tan próximo -dijo una-; puede venir gente por él sin que nadie la vea.

-Hemos hecho mal en elegir esta casa.

-Hemos hecho mal en venir.

En la lámpara, la presión del acetileno bajaba; se había acabado el carburo; las sombras se hacían más profundas en los rostros de las mujeres y cada una sentía acrecentado su terror al mirar a la otra. Poco a poco la estancia se llenaba de penumbra alrededor de aquel puntito azul que era la llama. Al fin, la ventana se dibujó débilmente.

Acostáronse. Pero no podían dormir. Pensaban las dos, sin hablarse, en aguardar el alba despiertas. El perro de los Esmorís, flaco, largo y blanco, que arrastraba su hambre por las noches en caminatas husmeadoras, volvió con pisadas de pluma a lengüetear en la cazuela de hojalata. Ponía tiento en su labor, pero el pobre no podía evitar que temblequease la caja contra un guijarro.

-Alguien está ahí fuera -suspiró una.

-¡Dios mío! ¿Qué será?

Repentinamente, sobre sus cabezas estallaron ruidos que en el silencio de la noche y en la angustia de su sobresalto se acrecentaban hasta la categoría de estrépito. Patas menuditas recorrían el suelo del desván, con la prisa de una fuga.

-¡Son ratones!

-¡Son todos los ratones del mundo!

Pero aquellas otras pisadas más anchas, más fuertes que sonaron después, no eran de ratón. Las carreras siguieron; algún objeto rodó, empujado, sobre el piso; se oyó un chillido de pavor o de muerte. Un cuerpo robusto chocó contra el baúl vacío que se guardaba en el desván.

-¡Un hombre! ¡Hay un hombre arriba!

Un hombre o una fiera, un ladrón o un animal carnívoro: las dos hipótesis estremecedoras se sucedían en el alma de las mujeres; no se apagaba una sin encenderse la otra. Saltaron del lecho y se refugiaron en el comedor. El recipiente de hojalata sonaba como si repiqueteasen en él; el techo se estremecía bajo pisadas frenéticas… Arrodilladas, las hermanas Roade no hallaban más refugio que el rezo. Por la ventana las miraba el ojo azul de prusia de la noche inmensamente ancha, inacabable y hostil; las sombras espesas del bosque mandaban sus brigadas al asalto de la casita menuda, y los canes aullaban contra el misterio de los caminos.

Algo leve y cosquilleante, estremecedor, cayó sobre el brazo desnudo de Amelia y subió hacia su hombro. Ella gritó, sin atreverse a tocarlo, temerosa de poner su mano sobre un ser infinitamente repugnante. Después del grito se alzó la voz de Gloria, como si ya creyese muerta a su hermana y se preparase a morir también:

-¡Señor mío Jesucristo, Dios y Hombre verdadero…!

El perro de los Esmorís vio bajar a la marta. Saltó desde el ventanuco del vallado a las ramas del olmo. Iba satisfecha porque había logrado comer más ratones de lo que podía esperar.

Descendió por el tronco y se perdió en la fraga.

El perro de los Esmorís, desmoralizado por una vida de ayunos, ni siquiera gruñó.

Estancia VI: El Clan de los Gatos

Morriña se fugó del pazo al anochecer de uno de los últimos días de agosto. Morriña vivía perfectamente con la familia D'Abondo; sin embargo, a nadie debe extrañar su evasión. Al gato no le importaba demasiado la libertad; pero ama lo extraordinario, la escapada a la ventura, más que ningún otro animal de los que el hombre doméstica. Está siempre soñando novelerías y en cualquier ocasión intenta realizarlas. Pocas veces pasan veinticuatro horas sobre la aldea sin que alguno abandone la ancha piedra del lar en la que dormita, para echarse al monte.

Oculto en un maizal. Morriña oyó sin conmoverse los gritos de las dos damas que le llamaban con voces donde los diminutivos cariñosos temblaban de afán. Sábela, la criada, le requirió también, ásperamente; pero Morriña apenas se movió más que para darle un zarpazo a un abejorro y para oliscar una hoja que le acariciaba cerca del hocico rosado. Después, cuando la oscuridad se hizo más densa, Morriña emprendió su caminata con mayor serenidad de la que podría esperarse de un gato que hace su primera salida.

Ciertamente no sabía a dónde ir. Cerca de la fraga se detuvo a mirar la choza de Juanita Arruallo, por cuya abierta ventana salía un delicioso olor a sardinas. Morriña se sobrepuso a la emoción que en él despertaba siempre el olor a sardinas, y siguió. Anduvo mucho tiempo y llegó a los bosques que crecen para allá de Lendoiro, desde donde se divisan más de cinco parroquias y en los que el viento puede correr una legua entre los árboles sin encontrar para sus juegos el humo de ninguna vivienda humana.

Llegó y estimó con agrado aquel sitio salvaje. Las espinas de los tejos le habían arañado alguna vez, y estaba cansado; pero prefirió, a dormir en cualquier cobijo, satisfacer cien pequeñas ansias de animal libre que se revelaban súbitamente en él. Se agazapó en las sombras, acechó un rumorcillo y se lanzó, de un salto maravilloso, sobre una hoja seca que la brisa empujaba y a la que deshizo con inédita ferocidad entre sus uñas enrojecidas por la tierra arcillosa de los caminos.

Aquella noche fue cuando cazó un topo. Lo esperó mucho tiempo al extremo de su vivienda subterránea, recogido, con la cabeza casi pegada al suelo y el bigote erizado. Y cuando lo tuvo entre sus dientes agudos se sintió magníficamente triunfador. La verdad es que jamás había cazado nada, y la única presa que hizo una vez en el pazo estaba guisada por la cocinera.

Paseó aquel cuerpecillo estremecido aún y caliente, recreándose en un maullido que salía de su propia garganta como un hervor. Y fue entonces cuando comenzaron a aparecer en torno del fugitivo, brotando silenciosamente de todos los lados del bosque, ojos verdes y ojos bermejos y ojos de oro que lo miraban con fijeza perturbadora. Morriña depositó a su víctima en tierra, puso sobre ella una garra y esperó.

—Es un hermano —maulló uno de los recién llegados, y las redondas pupilas brilladoras aproximáronse.

Primero formaron un círculo en torno de Morriña, pero surgieron más y más de las tinieblas, fueron como luciérnagas entre los matorrales y como estrellitas en las copas de los pinos. Las más lejanas iban y venían, llevadas por un afán curioso, y parecían multiplicarse. Si unos ojos humanos hubiesen podido ver tantos ojos encendidos, creerían que el bosque entero estaba invadido de animales.

«Son gatos como yo», notó perfectamente Morriña, y los saludó con un largo maullido de abundantes modulaciones.

-Bien -gruñó a su lado el que antes le había reconocido-, deja esas serenatas de tejado para otra ocasión. Estás en el clan de los Gatos Libres.

Y se acercó a frotarle la nariz.

Aquella fue para Morriña una noche de agradables sorpresas. Cuando, a las tres de la madrugada, asomó en el cielo un trozo de luna rojo y carcomido como un queso de Chéster a medio roer por los ratones. Morriña reconoció entre sus compañeros a algunos gatos del rueiro próximo al pazo, con los que se había peleado muchas veces y que desaparecieron sin que nunca se hubiera vuelto a saber de ellos. Todos los gatos huidos de las casitas aldeanas de diez parroquias a la redimía estaban allí, en la fraga llena de misterio. Los regia un gato de piel listada, que devoró con indiferencia el topo cazado por el neófito, asegurando que de día en día la carne de los topos era de peor calidad.

Fue este gato el que, en la siguiente jornada, examinó y aleccionó a Morriña. Apoyó el pecho sobre las patitas cruzadas, entornó los ojos, que se oblicuaron asiáticamente, e inquirió:

-¿Qué hacías en el pazo?

-Comer y dormir.

-¿Nada más?

-También jugaba con los ovillos de mis amas.

-¿Qué es un ovillo? -preguntó uno de los hijos del jefe, que había nacido y vivido siempre en la fraga.

-Un ovillo -dijo su padre- es un animalito redondo que anida en el regazo de las mujeres. Cuando corre, adelgaza y se le estira el rabo. No es comestible -terminó con desprecio.

-No es comestible -corroboró Morriña-; pero yo jugaba con él tan graciosamente que mis amas me daban doble ración de hígado de vaca.

-También nosotros comeremos vaca muy pronto -afirmó con fiereza el jefe.

Y explicó. Los Gatos Libres habían reflexionado mucho acerca de su condición. Era verdad que existían gatos depauperados que se avenían a llevar un lazo y hasta un cascabel: pero verdaderamente un gato no se deja domesticar como un caballo o un perro. El gato es una fiera: ésta es la realidad. Una fiera emparentada con el tigre y con el león. El clan de los Gatos Libres se preocupaba de restituir y cultivar esta fiereza, de devolver al gato a su natural condición.

-Hemos dejado de ser gatos. La sola palabra «gato» es un insulto entre nosotros.

-¿Qué somos, pues? -preguntó Morriña.

-Panteritas..., panteras peso pluma -respondió gravemente su maestro-. Cuida en lo sucesivo de portarte como tal.

Morriña conoció desde entonces mil pequeños placeres: el del acecho de la caza, el de las largas siestas en lo alto de un roble desde donde casi alcanzaba a ver la blanda sumidad del bosque, movible como un mar; y ese otro placer, que aman todos los gatos, de deslizarse entre las altas hierbas sin despertar un rumor ni apenas mover un tallo... No faltaba qué comer en el bosque. Avecillas que piaban entre sus uñas, locas de terror; ratas, gazapos de piel color tojo seco... Una vez, un enorme gato ceniciento y osado se aventuró en una excursión a la aldea -como baja a veces el hambriento tigre asiático- y volvió con un pulpo cocido.

El jefe del clan tenía la piel de un color leonado, casi rojo, y era fuerte y elástico, y estaba mejor mantenido que los demás porque se apoderaba sin escrúpulos, con un autoritario bufido, de lo que cazaban sus compañeros, si resultaba de su agrado. Al amanecer de todos los días, las pequeñas panteras se instruían colectivamente para la caza del buey. Habían resuelto cazar un buey algún día, uno de aquellos bueyes cachazudos y gordos que iban o venían por la carretera que atravesaba el bosque para las ferias. Ahora ensayaban. Un seco tronco de árbol caído en mitad de los pinares hacía las veces del rumiante, y los gatos del clan probaban a lanzarse sobre él, en saltos magníficos por equipos de quince. El jefe aseguraba que no se tardaría mucho en poder intentar el «golpe» con esperanzas de éxito. Cuando le oían describir el panorama de la futura vida con buena y abundante carne a todas horas, en el amplio corro de gatos sentados sobre las patas traseras aparecía como un círculo de trazos rojos formado por las lenguas con que unánimemente se relamían.

-Tenemos sobradas aptitudes para atacar al buey -decía el gatazo bermejo-; lo que ocurre es que están dormidas en nosotros porque no las practicamos desde hace siglos, ablandados en una vida cómoda. Cultivemos nuestra agilidad, nuestra ferocidad, nuestras garras, y la tarea nos resultará fácil.

Él saltaba el primero, aleccionadoramente, sobre el tronco. ¡Cómo se recogía, hasta disimularse, en la rama que había elegido de trampolín! ¡Qué rápidos estremecimientos corrían por su piel en los instantes que duraba su apercibimiento!

¡Con qué elegancia disparaba su cuerpo hacia la presa, con las mandíbulas ya separadas y las garras dispuestas mientras recorría el aéreo camino del ataque! Ningún otro gato conseguía igualar su ímpetu, y todos le admiraban y se felicitaban de tener al frente del clan un cazador de tantas y tales excelencias.

Cuando se creyó terminado el período de prácticas, no hubo que hacer más que esperar la ocasión. Y llegó. Fue en una mañana con poso de niebla; en los estrechos vallecillos el inmóvil aire teñido de blanco por la humedad recordaba el aspecto que en la mañana de San Juan tiene el agua de los vasos donde las mozas han echado claras de huevo, al mediar la noche, para después deducir de su aspecto lo que el destino les reserva. El mundo parecía acabarse medio hectómetro alrededor de quien lo mirase, y comenzar allí mismo las nubes del cielo; las copas de los pinos más altos se descoloraban y perdían su dibujo al hundirse en la esparcida blancura. Todo era recóndito y secreto. Entraba en las almas esa impresión de impunidad que sólo dan las nieblas y las tinieblas.

Si bien se piensa, resultaba imposible desear un día mejor. Nadie sabía, sin embargo, que era aquél hasta que el gato bermejo, que se había alejado sin dejar entender sus planes, reapareció excitado y presuroso para ordenar que ocupasen sus puestos los cazadores, porque la gran prueba iba a realizarse dentro de unos minutos.

Así fue. Cada gato corrió a su lugar en el borde del talud que dominaba la carretera, y los cinco que habían de arrojarse al vientre y a las patas del animal escondiéronse en la cuneta, según los habían enseñado. Fue muy útil que la orden les llegase de sorpresa, por si tuviesen tiempo de meditarla quizá no les asistiese tanta decisión. La violencia y la reflexión se excluyen casi siempre recíprocamente.

El jefe del clan se disimuló entre las hojas de un roble. Los diez gatos que debían cubrir el cuello y los lomos del buey (se calculó que más adelante, cuando la experiencia se afirmase, bastarían cuatro) estaban con los músculos en tensión, agazapados en el talud, atentos al camino. Los demás componentes del clan se ocultaban en el bosque, expectantes y emocionados, con los ojos muy abiertos y los erizados bigotes llenos de las gotitas que enhebraba en ellos la niebla.

Apareció la presa. Era un buey gigantesco, con grandes cuernos color caramelo, blancos por las puntas, que señalaban el cénit. Caminaba lentamente, con la cabeza baja, y de las dos anchas comas con que su nariz acentuaba el hocico salían a intervalos precisos violentos chorros de vapor que se sumaban a la bruma. Las graves pesuñas se asentaban, lentas y macizas, sobre la tierra como si tomasen posesión de ella. Todo era fuerza en aquella mole rubia que se hizo de repente la figura central del paisaje, como si lo demás quedase referido súbitamente a subrayarla.

Detrás, a diez o doce pasos de distancia, iban dos aldeanos cambiando entre sí vaticinios acerca de los precios que habrían de regir en la feria. Uno llevaba al hombro la cuerda para atar al buey y una aguijada en la mano, y el otro, sin interrumpir el diálogo, estimulaba la reacia y desigual marcha de un cerdo sujeto por una de las patas que, obedeciendo a los tirones del dueño, quedaba cómicamente en alto cuando el animal se encaprichaba en seguir itinerarios extravagantes. Al pasar el buey frente a los cazadores, los labriegos se inmovilizaron algo más allá, en la tarea de hacer ascua en la yesca para sus cigarrillos. Entonces fue cuando se oyó el maullido del jefe: la señal. Y las panteritas saltaron.

No todas. Tres gatos tuvieron una vacilación temerosa. Iniciaron el impulso y quisieron después contenerlo, y el resultado fue que rodaron por la breve y casi vertical pared hasta la cuneta: dos de los cinco compañeros que en ella preparaban el brinco, al sentirlos sobre sus espaldas, se imaginaron no se sabe qué agresión, y se revolvieron contra ellos lanzando bufidos estrepitosos. Ya se ha dicho: «nervioso como un gato». Mordiéndose, arañándose y revolcándose entre la hierba y el polvo de la zanja, descargaron allí el acumulado coraje.

Pero estas defecciones no detuvieron el asalto. El pacífico buey recibió una desagradable sorpresa al sentir en el lomo, las ancas y el cuello el peso y los subsiguientes arañazos de las siete pequeñas panteras. Dábanse ellas prisa a clavar las uñas y los dientes en la gruesa piel, y los que se habían lanzado a las patas parece ser que fueron estimados como más aflictivos por el rumiante, porque en cuanto los sintió diose a mugir y pateó y aun coceó, sin gran alarma, pero con ánimo decidido. Lo suficiente para que un gato de listado pelo que tuvo la desgracia de ser pisoteado por el buey recibiese tan graves lesiones, que se retiró de la liza arrastrándose sobre el vientre y con la impresión de haberse caído de un tejado.

A todo esto ya estaban encima los dos labriegos, con sus varas en alto, porque aunque el estupor que les produjo tan raro acontecimiento les contuvo brevísimos instantes, no vacilaron después -pese a la sospecha de que se tratase de perros rabiosos- en defender a su amada bestia, como también la hubiesen defendido si se la disputasen quince dragones. El ruido de sus zuecos claveteados se mezcló con el mugir y el maullar de los contendientes, y repartieron palos con tanta prisa y acierto que en poco tiempo limpiaron de adherencias al buey, porque pantera que recibía un varetazo, pantera que no quería conocer nuevamente aquella sensación. Y saltaban al suelo o se dejaban caer y huían con una velocidad que estaba en relación directa con el número de golpes recibidos. Con mano tan fuerte aplicaban los palos los campesinos, que el jefe del clan, aún oculto entre las ramas del roble y distanciado hasta la impunidad del lugar de la lucha, apenas oyó zumbar las varas dos o tres veces, sintió que se erizaba su pelo bermejo, bajó como un rayo por el tronco y emprendió una carrera que hubiese curado de su orgullo a un galgo.

En un abrir y cerrar de ojos el clan entero desapareció y sus componentes se esparcieron en todas direcciones por el inmenso pinar. Y esta dispersión duró más de un día, que todos pasaron digiriendo su miedo y algunos lamiéndose sus lesiones. Morriña se quedó tan impresionado, que subió hasta lo más alto de un pino, y si bajó a las cuarenta y siete horas fue porque el viento movía tanto las ramas que el animalito llegó a estar horriblemente mareado.

Poco a poco fueron reuniéndose de nuevo, y entonces el jefe los convenció de que el resultado de la cacería no era motivo de humillación, sino de envanecimiento, porque, según él, el buey estaba ya capturado y rendido. Ahora que... se había incurrido en un error de táctica. Resultaba evidente que a quien había que atacar primero era a los hombres. Si tres o cuatro gatos se abalanzasen a cada hombre, el buey no hubiese contado con sus valedores y a aquellas horas no quedarían de él más que los huesos. Nada se había perdido con ensayar tan gloriosa acción, sino muy al contrario. Al presente era preciso practicar la acometida al hombre, cuya técnica difería de la acometida al buey. Y propuso dedicarse inmediatamente a adquirir la preparación necesaria. Los saltos sobre el tronco caído se complicaron con lecciones de saltos sobre un tronco vertical, que representaba al hombre. Aquellos quince gatos que habían tomado parte en la acción, considerados como veteranos, convirtiéronse en lugartenientes suyos y fueron honrados con el título de tigres. El gato bermejo contaba con ellos para ser llamado león, título con el que soñaba deleitosamente. Era un gato ambicioso que conocía las debilidades gatunas y las explotaba, y que seguramente llegó muy lejos, aunque, por desgracia, los datos que han servido para componer estas historias no vuelvan a referirse a él.

Comenzó, mientras tanto, el otoño a verter sus lluvias copiosas. Grandes nubes oscuras cubrieron todos los montes que se ven desde los altos de Lendoiro. En las corredoiras las ruedas de los carros amasaban un lodo casi líquido. Las suaves pieles de los miembros del clan de los Gatos Libres aparecían cada vez más manchadas por el arcilloso barro amarillento.

Morriña fue a sentarse una mañana al borde del tajo que da la carretera al monte, en la misma trinchera que había sido escenario del ataque al buey. Los labriegos pasaban para la feria detrás del ganado. Luego el camino quedó desierto y las nubes hicieron cenicienta la sombra del bosque. El húmedo invierno gallego parecía haber llegado ya. Morriña tenía hambre. Contempló pensativamente una araña que frotaba sus patas larguísimas y sutiles, como si temiese que se le helasen, y aquel bichejo le dio más que nada la impresión del frío. Volvieron los aldeanos, y se fue espesando la sombra color ceniza del pinar. Y pasó también un carrito guiado por un mozallón, y dentro del carrito, Sábela, la vieja criada del pazo, mecida por los baches, entre paquetes y cestas que representaban la compra mensual en la feria. La criada suprimía el ocio y el tedio del calmoso viaje calcetando aquel chal que había comenzado ya muchos meses antes. En un bache, el grueso ovillo escapó de su regazo y cayó a la carretera.

Morriña tuvo una súbita nostalgia del hígado de vaca cocido y de la ardiente chimenea del pazo. Bajó velozmente el talud y corrió detrás del ovillo con las mismas graciosas actitudes de antaño, cuando jugaba en el cuarto de costura de las señoras D'Abondo.

Sábela le miró primero sobresaltada y después jubilosa:

-¡Para, Rosendo, para! -gritó al mozallón-. ¡Así Dios me salve como éste es Morriña!

El gato seguía corriendo detrás del ovillo, hacia la blanda y cómoda esclavitud. Ahora, cuando Morriña se estremece en sus siestas junto a la chimenea de leños y maya con el mismo aire extraño de las personas que hablan durante una pesadilla, las señoras D'Abondo, que miran entonces para él, no saben que sueña con la vida libre del bosque y con la táctica aprendida para la anhelada caza del buey.

Estancia VII: El Libro de San Ciprián

Marica da Fame cerró las dos hojas de la puerta, horizontalmente superpuesta, y diose a andar por la fraga como un animalito más, envejecido y hambriento. Cuidaba de no tropezar en los guijarros ni en las raíces, porque se le había hendido tres días antes la madera de una zueca y no confiaba mucho en el arte con que la había asegurado. Su choza quedó vacía, misteriosa y oscura. En el lar, las ascuas inútiles hacían más rojizo el suelo de tierra apisonada, y hasta que un grillo se decidió a salir, recorriendo pensativamente la estancia, bien estirado el chaqué de sus alas, con todo el aspecto de un banquero embrujado, no hubo en la morada de la viuda nada vivo más que un hilo de humo que brotaba de un tizón. Subía la columnita, recta primero y ondulada después, desde el centro mismo del hogar, tan bella y tan solemne que podría esperarse que fuera ese humo de los encantamientos que de pronto se ensancha y adquiere forma y parece un ser milagroso que salta al suelo graciosamente desde su inaprehensible pedestal azulado.

Del humo del hogar suelen salir los buenos espíritus que se ofrecen a reparar infortunios, porque desde el hogar se oyen las palabras adoloridas y se ven muy de cerca los rostros fatigados y los ojos sin esperanza. Pero el lar de Marica da Fame nunca escondió ni al más modesto de los duendes. Subía el hilo de humo, y si se abría después y se ensanchaba, era para buscar una chimenea que no había existido jamás. Entonces se deslizaba entre las tejas y se perdía, casi invisible ya en la luz del día. El tallo de humo seguía en la penumbra erguido como un índice simbólico.

«Silencio -parecía decir-. Ésta es la casita donde vive el silencio de la fraga. Lo cuida esa mujer que no habla nunca y que está horas enteras mirando al fuego. Hace tres días que no se oye ese áspero crujido del manojo de coles cuando las corta el cuchillo para el caldo, ni el golpe de las patatas partidas en trozos sobre la cazuela; hace tres días que el pote de tres pies no cabalga sobre las llamas, gruñendo bonachonamente -todo barriga- mientras el agua que hierve ensaya diabluras y le levanta la tapa y rebosa y gotea dando bufidos en las ascuas. Ése es el hogar del Silencio. Aquí está él ahora, haciendo su yantar. Ved cómo moja en la salta de la humedad rebanadas de sombra. ¡Chist, callad; callémonos!»

Marica ya casi no pensaba en sus planes. Iba entre los robles de troncos vestidos de líquenes y los castaños cargados de los erizos de sus frutos, verdes aún; pero no se fijaba en el paisaje y quizá no se había fijado en él nunca. Otras veces, cuando el hambre era larga, marchaba también, sin preparar palabras, a la casa de Juanita Arruallo, donde servía su hija Pilara y en la que, si se llegaba a la hora de comer, no se negaba a nadie una taza de la espesa sopa de legumbres cuyo sabor delataba que había entrado en la olla un trozo de cerdo. A primeros de mes Marica aparecía a recoger las cinco pesetas que ganaba la pequeñuela; luego, muy de tarde en tarde, no faltaban pretextos para una visita, y entonces, sentada en la baldosa que servía de escalón ante la puerta, con el cuenco en la mano, mientras soplaba el hirviente caldo en la cuchara de madera, comentaba con Juanita Arruallo las cosechas y los precios, o la ayudaba a amonestar a la criadita.

-¡Esta condenada hija mía! No sé a quién salió. Y el ama:

-¡No puedo con ella! ¡No puedo con ella! Y la madre:

-¡He de darle yo…! ¿Por qué no obedeces a la señora Juanita?

Y los doce años de Pilara, con la cabeza baja y las greñas caídas sobre la carita sucia, se sentían culpables sin saber de qué.

Al salir del bosque se encontraba en seguida la casa de la Arruallo: era cómoda, si no grande, y desde la muerte del marido, el primer piso se utilizaba tan sólo para almacén. Delante de ella había buenas tierras de labor, y Juanita había vivido con rústico boato -que le valió su apodo[3]- hasta que los años y la viudez agigantaron en ella los gérmenes de tacañería y de egoísmo que hay en todos los labriegos del mundo. Su sobrina Hermelinda, harta de su carácter gruñón y de la agotadora labor de la tierra, se había marchado a servir a la capital; desapareció un día y no volvió a saberse de ella en la aldea. Entonces la señora Juanita contrató con Marica da Fame los servicios de Pilara: un traje al año y cinco pesetas cada mes.

Ahora, al llegar a la casa, Marica vio las ventanas y la puerta cerradas. Llamó, con la penetrante voz gritadora de los campesinos, y no la contestaron. Quedó unos momentos inmóvil y extendió su vista por las heredades.

El cielo se había puesto en aquella tarde de septiembre una túnica de grises claros; todos los grises claros, los de mayor magnificencia, mostrábanse intercalados sin soluciones de continuidad en la amplia extensión: el gris plata, el gris perla, el gris del ópalo, el gris de la corteza de los álamos, el gris de las leves plumas del pecho de las palomas. Los hombres podían mirar sin fruncir los párpados, a ojos llenos, en aquella luz deliciosa, y hasta los más pequeños detalles de la lejanía se revelaban en la diafanidad y la plenitud diurna: los montes que cerraban todo en derredor -como los bordes de un vaso- el verde paisaje, y todas las cimas y los altibajos de aquella comarca sin llanuras, de cuestas suaves, de rincones imprevistos, de recodos constantes, por cuyo fondo el Mero marcha lentamente hacia el mar, bajo un palio de árboles. Y se veían las manchas oscuras de los pinares y las manchas glaucas de los prados, y al sudeste, las anchas cumbres remotas de las montañas de Órdenes por donde se arrastra y se retuerce la carretera de los peregrinos jacobeos; las montañas que vieron, hace muchos siglos, desde lejos, el milagro de la estrella encendiéndose sobre el campo donde yacía el Apóstol, y renunciaron a la pompa de las flores, de las frondas y de los frutos sabrosos, para no vestirse más que con tojo raquítico y brezo achaparrado, como si llevasen ya desde entonces el pardo y feo remendado sayal de los humildes.

En la heredad de los Gundín aún duraba la labor de recoger patatas. El matrimonio y los hijos trabajaban temerosos de la lluvia posible. Marica da Fame dirigiose allí y se sentó sobre la hierba del lindero. Saludó y sólo la mujer de Gundín le dio respuesta. Con la flaca mejilla apoyada en la mano, Marica contempló la labor: los cuerpos doblados, la azadilla que hurgaba la tierra… Para un campesino hay una sorpresa en la recolección, que se renueva con cada pie de planta que desarraiga del suelo. ¿Cuántos y cómo son los tubérculos que escondía? El milagro que se operó bajo la tierra durante varios meses se descubre ahora a los ojos humanos. Marica se sintió llena de nostalgias. ¡El trabajo! ¡Bello y consolador trabajo! ¡Don sin el que la vida se queda como un ciego que perdió el báculo en que apoyarse! ¡Trabajo campesino cuyo poso es la canción y el sueño sin pesadillas, y el que vigila más directamente Dios Nuestro Señor desde lo alto de un cielo que parece inevitable porque ningún techo lo oculta ni se interpone entre él y el que trabaja, y donde el orgullo no se atreve a achacarse totalmente el éxito, porque hay un poder incoercible que enciende el sol o lo apaga, que vierte la lluvia o la deniega, que manda el ruidoso granizo o la silenciosa helada, o que gozosamente concede en las espigas y en los frutales el ciento por uno de la promesa bíblica!

El cuerpo de Marica padeció un anhelo violento de encorvarse también sobre la tierra, en la actitud del trabajo. Comprendió que encorvada, con el sacho[4] en la mano, se notaría más descansada y a gusto que en su reposo, y que era ésa la posición natural del cuerpo y todas las demás artificiales y dolorosas. Habló:

—¿Queréis que os ayude?

Los Gundín callaron. Ella palpitó de esperanza, porque, si accedían, sin duda le harían el regalo de algunas patatas. Volvió a brindarse:

—¿Quieres que os ayude, mujer?

La de Gundín rehusó, sin interrumpir su faena, clavadas las rojas piernas en los terrones:

—Para lo que falta.

Pero aún faltaba mucho y Marica lo observaba con amargura. La resignación de su hambre se hizo más sombría.

«Un día llegará —pensó— en que tenga que ir a pedir por los caminos».

Siguiendo el zigzag de los senderillos casi ocultos entre la hierba, se acercó una aldeana con una cestilla en equilibrio sobre la cabeza, y ropa de domingo y negras botas de cuero soladas con madera de abedul.

—Buenas tardes nos dé Dios —deseó sin mirarlas.

Y unos pasos más allá se detuvo, para simular que le nacía una intención, perqué por natural que sea el propósito de un campesino gallego, nunca querrá darlo a entender sin disimulo.

—Y… ¿sabrán —preguntó— dónde vive una mujer a la que llaman la Moucha?

—¿La Moucha…? No va bien por aquí. Tiene que dar la vuelta… o atravesar la fraga y… Marica se irguió.

—Venga, que yo la guío.

Por el estrecho camino no cabían las dos. La viuda, a la zaga, examinó a la desconocida.

—Usted no es de aquí.

-Soy de cerca; vengo de San Tirso de Mabegondo. Aún no tres leguas.

-¿Trae huevos o fruta?

-No traigo nada -explicó la mujer, agitando la cestilla en el aire; pero me acompaña mucho cargar algo en la cabeza. Es la costumbre.

-Es -aprobó la viuda.

-Si no llevo algo sobre la cabeza mismo, no me dan gracias las caminatas.

-Así es. así es -reconoció, distraída, Marica, perdida la esperanza de obtener unas peras o un huevo por sus servicios.

Poco más allá:

-¿Y usted va a consultar a la bruja?

La forastera se volvió, súbitamente preocupada, para mirarla de frente.

-Voy, mujer. Dijéronme que tiene fama y que lo acierta todo... ¿Será verdad?

-La gente, venir, viene -eludió la otra.

-Cuando la desgracia entra en una casa, ya no se sabe dónde buscar remedio - confesó la extraña con una tilde de desesperación en sus frases-. Teníamos dos cerdos y el más gordo se nos murió, y el otro va por el mismo camino, que ya no come ni se levanta de la pocilga. Una pérdida inmensa, que el muerto andaba ya por las diez arrobas, y lo que había de ganar aún. Pues hace unos días la ternera enfermó también. Y le dije a mi hombre: «Esto no es cosa buena; aquí anda una mala voluntad con nosotros, y he de ir a esa meiga que dicen que acierta con todos los remedios». Y él dijo: «Haz lo que quieras, porque a veces pienso que hasta nosotros vamos a morir».

Y es que un niñito que tenemos parece que se apaga como una luz sin aceite.

¡Cuitado! Tantos males sin motivos no son más que tretas del diablo para enloquecernos.

-¡Renegado él sea! -murmuró Marica.

De pronto, las preocupaciones de la forastera cambiaron de rumbo.

-¿Cobrará mucho? -inquirió recelosamente.

-Cobrará; tengo oído que cobra -informó, pensativa, la madre de Pilara-. Así compró una era y un trozo de monte el último invierno. Cobra caro. Y sin embargo, ¿qué gastos tiene para hacerse pagar tanto?

Pensó un poco.

-Dicen algunos -añadió- que la vida de las brujas es tremenda. Les refieren cosas horribles y saben los secretos más espantosos, los sucedidos más estremecedores; lo que no se cuenta ni al cura en la confesión. Todo lo que los espíritus malos inventan contra la ley de Dios, las tentaciones obedecidas y las monstruosidades de la carne y del alma desfilan por allí, porque las víctimas se las dicen en voz baja para que les procure remedio. ¿Sabe lo que pasó con la meiga de Oza?

-No sé.

-Era de más allá de Oza, hacia la montaña. De todas partes iba la gente a consultarla y hasta en los días de invierno había hombres y mujeres aguardando su turno bajo el alpende. Bizmaba como ninguna otra y curaba el aire de muerto y libraba de las maldiciones que ya se habían comenzado a cumplir. Un día llegó un hombre a caballo, lo ató a la puerta y entró. Llevaba el cuello de la capa levantado, y el paño estaba tieso de agua porque llovía mucho y debía de venir de muy lejos. Aunque había más de diez personas aguardando, ninguna se atrevió a ordenarle que esperase su vez cuando le notaron tan resuelto. Alguien miró por la ventana y le vio sentarse frente a la meiga, al otro lado de la mesa, y hablar. La cara de la mujer - quien la vio, lo dijo- se iba poniendo blanca de miedo, y sólo contemplar sus ojos abiertos daba frío y horror también a quien la miraba. Dijo el que fue que, así como un espejo devuelve el sol, la cara de la meiga devolvía el espanto. Y entonces el hombre bajó el cuello de su capa y enseñó el rostro. El que espiaba no alcanzaba a ver más que la espalda. Pero la bruja se puso entonces en pie, extendió las manos como para separar aquello y dio un grito: tenía la boca torcida, a fuerza de miedo, y los ojos como si le fuesen a saltar. En seguida escapó, tirando la silla y fue a salir de la casa. Pero en la misma puerta cayó, y cuando acudieron ya no vivía.

-¿Y el hombre?

-Salió detrás y saltó por encima del cuerpo y huyó en su caballo, siempre con la cara hundida entre el sombrero y el cuello. Nadie le vio ni el brillo de los ojos, y aun ahora no se sabe quién fue, ni qué pecado era el suyo, ni qué castigo sufría, ni qué había en aquellas facciones que ocultaba; ni si era de verdad un hombre o un ánima del otro mundo.

Iban entre campos de maíz. Las hojas se extendían como gallardetes impulsados por un viento que a nada más que a ellas rozase. La casa de la Moucha estaba allí, más ancha que alta, con una ventana a cada lado de la puerta y un rojo tejado puntiagudo, de cuatro vertientes. No tenía nada de guarida de hechicera. El humo sobre la casita -que era como una cara blanca y gordinflona- semejaba una pluma en el capacete de un paje.

La Moucha las recibió quejándose de sus dolores de reuma e hizo un esfuerzo penoso para levantarse y guiarlas hasta el cuartito donde había instalado su taller de bruja. Era una mujer vieja, de ojos redondos y claros, rodeados de arrugas divergentes, como ese sol que dibujan los niños; bajo su pañuelo -flojamente anudado-, que tendía a resbalar hacia la nuca y que ella llevaba hasta la frente con un movimiento maquinal, asomaban los alisados cabellos grises; su boca, larga y fina, bordeada de rayitas de fruncimiento, mostraba una expresión sagaz; su vejez tenía una presencia simpática. Su cara era más limpia y ordenada que las de los otros labradores. En la habitación donde recibió a las visitas había una mesita y cuatro sillas, y ya no quedaba espacio para otros muebles; los tabiques, de tablas de castaño, estaban casi totalmente cubiertos de estampitas de santos, policromadas o en una sola tinta, pequeñas como sellos de Correos o como tarjetas de visita, y sólo tres eran cromos de ese tamaño que corrientemente ofrece el comercio a la devoción de los que tienen poco dinero, suponiendo razonablemente que son los que mejor idealizan por cuenta propia las imágenes. Sobre la mesa había una baraja, muy manoseada ya, y un viejo libro en cuarto menor, de bordes roídos y hojas pajizas, que la polilla había atravesado varias veces. Todo el texto estaba en latín. Si conservase la primera página podría leerse en ella: C. Julii Ccesaris, Commentariorum de bello gallico. Mas para todo el mundo era el famoso «Libro de San Ciprián», que interviene siempre en los conjuros.

Sentóse la Moucha, entre quejidos, tan lentamente como si tuviese sus miembros de cristal, y preguntó:

-¿A qué vienes?

La forastera, un poco balbuciente al principio, fue exponiendo sus cuitas. Aquello que ocurría en su hacienda no era natural. ¿Por qué habían de morir sus bestias, bien alimentadas y bien atendidas, si en todos los alrededores no había peste ninguna, y sólo el ganado de ella, sólo el de ella...?

La Moucha escuchaba con atención. Dijo:

-Bueno.

Abrió el libro y clavó en él su mirada; después pasó dos hojas y siguió leyendo o como si leyese. La aldeana de San Tirso, frente a ella, contemplaba también las hojas con ansiedad y sus labios temblaban un poco. Al fin, la Moucha atrajo el pañuelo sobre su frente, alzó los ojos y repitió:

-Bueno.

Sostuvo con las dos manos el libro abierto, como pronta a consultarlo otra vez.

-Tu cerdo morirá. No tiene remedio. Pero si haces lo que te voy a decir, salvarás la ternera. Porque todo lo que te pasa es por una envidia.

-¡Ay -exclamó, juntando sus manos, la aldeana-, ya lo decía yo!

- Alguien hay que te quiere mal, Tienes que recorrer nueve molinos y coger nueve arenas en cada uno y echarlas en el agua del siguiente. Y no volverás de ellos por el mismo camino que fuiste, ni hablarás con nadie...

-¡Nueve molinos! -exclamó la mujer, que escuchaba atentamente-. ¿Y he de ir a todos en el mismo día?

-Sería mejor, pero puedes hacerlo aunque sea en nueve viajes. Y cuando estés en eso, te saldrá al encuentro alguien, hombre o mujer, conocido tuyo, y te preguntará a dónde vas y cuál es el motivo de tus paseos. Y tú tampoco le contestarás, porque si no todo estará perdido. Pero sabrás desde entonces que aquella persona es la que te envidia y la que hizo el aojo. Entonces quemarás las cerdas del rabo de tu puerco y arrojarás las cenizas en la era de esa persona a las doce de la noche, cuando no haya luna.

La aldeana se hizo repetir las instrucciones.

-Acaso mi hijo -sospechó después- esté también ameigado. Ni toma el pecho ni deja de llorar...

-Yo te daré un «escrito» y se lo coses a la ropa.

Salió y volvió a entrar con una bolsita de tela apenas de media pulgada, en cuyo interior iba el arbitrario amuleto.

-Si la abres -advirtió- perderá su eficacia y acaso te traerá mal... Y de pronto, como si se le ocurriese una sospecha importante:

-¿Y tú duermes mientras amamantas a tu hijo?

-No, señora -respondió la de San Tirso, sorprendida-. ¿Por qué?

-Por nada, mujer, por nada. Acordábame ahora de un caso que... Y muchas veces sucede lo mismo. Figúrate que una vecina de Santa Marta de Babio, que era como nosotras tres juntas, fuerte y joven, que daba gloria verla, tenía también un hijito que iba quedándose como una miñoca[5], fuera el alma. Y nadie sabía lo que era. Y lo llevaron al médico, y el médico dijo que no tenía más que debilidad. Sin embargo, la madre disponía de leche para alimentar dos críos como aquél. Y el angelito, a peor y a peor, que ya no tenía más que la piel y el esqueletiño, ¡infeliz! Y ocurría que la madre, siempre que le daba el pecho, sentía un sopor..., así, un cansancio... y se quedaba dormida. No le extrañaba, porque suponía que era la fatiga de su labor, que bien puede decirse que vale como la de dos hombres. Hasta que un día se lo contó a su marido, y el marido vino a verme y yo le dije: «Vuelve a tu casa y escóndete y vigila a tu mujer cuando ella vaya a darle el pecho a la criatura». Va él y llamó a su cuñado y se ocultaron, sin decir nada a la mujer, y ella sacó el pecho y se quedó dormida, como siempre. Entonces, hijas mías, vieron entrar por un agujero que había debajo de la artesa, una serpiente que fue subiendo, subiendo, y cogió el pezón y se puso a chupar la leche tan suavemente, que la mujer no sentía nada, y para que el chico no llorase -¡criaturiña de Dios!- le metía el extremo de la cola en la boca,

-¡Calle, calle! -pidió estremecida la aldeana, apretando instintivamente los brazos contra, sus senos maternales.

-También le sucedió lo mismo a una vaca -intervino Marica-. Las serpientes tienen locura por la leche y se dice que saben mamar tan dulcemente como un recién nacido. Sé yo el cuento de una vaca...

-Éstos no son cuentos -reprendió la Moucha, y Marica se calló, cohibida.

-Pues tengo oído decir a mis padres -informó después de un silencio- que ésta nunca fue tierra que diese esa clase de bichos, hasta que un día pasó una bruja por la aldea y se detuvo a dormir bajo los árboles de la fraga. Al amanecer se lavó y se peinó en el agua que había en el hueco de una roca. En el agua quedaron siete pelos y fueron engordando y creciendo, y a los siete días salieron siete serpientes, que después se multiplicaron por el país. ¿Será cierto?

La pregunta iba dirigida a la Moucha, que fingió no oírla. La aldeana de Mabegondo se levantó.

-¿Cuánto he de darle?

-Un duro. Y otro por el escrito.

La mujer alzó la falda y buscó en la faltriquera que llevaba bajo ella, atada a la cintura. Una tras otra, con ademán demorado, puso dos monedas de cinco pesetas sobre la mesa. Marica las miró, cruzando las manos, y exclamó, sin contenerse, con voz afligida:

-¡Dos duriños, Dios mío; ay, dos duriños...! Pero luego agregó, quizá temiendo a la Moucha:

-Bueno, mujer; si han de traerte la salud de la ternera y la del hijo..., es de balde, es de balde.

La forastera se marchó con su cestilla vacía en la cabeza. Marica da Fame se sentó en la piedra del lar.

-La traje yo -comenzó a decir- porque no sabía tu casa... Hablaba lentamente, mirándose las manos huesudas.

-Yo tenía que hacer, pero me dije: «Esto ha de convenirle a la Moucha...»

La Moucha, sentada en un banco, había vuelto a gemir. Detrás de ella se acumulaba junto a la pared el tojo seco con que alimentar la lumbre. La olla del caldo, bajo la chimenea, aguardaba la hora de recalentarse, y aquel olor que embalsamaba el aire de la cocina no podía desprenderse de nada que no fuesen unos chorizos de lomo colgados sin duda en la habitación.

La meiga no había contestado nada ni parecía dispuesta a recoger sus insinuaciones. Se frotaba amorosamente una pierna, y Marica comprendió que pronto comenzaría a hablar de sus dolores y entonces sería ya más difícil. Alzó sus ojos hacia ella y apretó sus dedos cruzados.

-¡Mouchiña, mujer! -suplicó...-, ¿no tendrás un pan pequeñito... o un pedazo cualquiera...?

El hambre y el ansia endulzaban infinitamente su voz. Se fue con el pan a la fraga, porque le daba vergüenza que viesen la voracidad de sus bocados. Se santiguó con el y lo besó. Iba murmurando entre los arboles:

«¡Ya soy como una pobrifia, Dios mio; como una pobrifia! ¡Ya voy pidiendo pan por las casas...!»

Estancia VIII: Los Trabajos de Pilara

En invierno, cuando el tren corto que baja a La Coruña se detiene en el diminuto apeadero de Cecebre, es noche aún. Se siente resoplar desde muy lejos la máquina que más que arrastrar unos cuantos vagones viejos, viene empujada por ellos en el largo camino en cuesta. Pero es la única ocasión que tiene la máquina de un corto, en aquellos parajes, para presumir de potencia y estremecer los árboles y las casas con el torbellino de su marcha, porque cuando vuelve a pasar, subiendo, a la cabeza de coches veteranos, despidiendo humo y chispas y tornillos, su asmático jadeo hace pensar en que acaso la materia bruta tenga también, como los hombres, sufrimientos crueles.

Los vagones vetustos hacen crujir sus tablas con ese ruido seco que algunas personas obtienen de los huesos de sus manos. Las ventanillas no siempre cierran, y el petróleo de las lámparas -visible al través del cristal- va y viene, escaso y sucio, sobre las cabezas de los viajeros, en un bamboleo continuo. Cuando las vendedoras y los obreros que llenan el tren para ir a ganar su vida a la capital se acomodan estrechamente en los duros bancos donde la generosa mugre intenta sustituir al barniz, el olor a tabaco barato no consigue anular el otro olor a cama pobre que todos traen pegado aún al cuerpo; olor a manta vieja, a jergón de hojas de maíz, a almohadas que guardan sudor de trabajo y sudor de fiebres. Hablan poco y parecen meditar envueltos en sus bufandas o mantones de lana. Piensan, seguramente, muchas cosas, esperanzadas o tristes; pero puede jurarse que entre tantas ideas de esos ateridos viajeros ninguna hay que evoque los días de gloria de aquellos coches. No. A nadie se le ocurrió jamás complacerse en representárselos bien pintados, bien enguirnaldados, con carteles en las portezuelas, llevando grupos felices de caballeros con levita y chistera en la inauguración de alguna de las primeras líneas férreas de España. Y sin embargo, aquello ocurrió. Pero los testigos que pudieran afirmarlo ya murieron. Porque un hombre no persiste tanto como un vagón del corto.

A las seis de la mañana, todos los días del año, con excepción de los que duraba la preñez de la vaca o aquellos en que, por otras razones, no daba leche, se abría la puerta de la casa de Juanita Arruallo, con un estridor tan risible como puede serlo el vozarrón de un enano, y Pilara salía con el ventrudo jarro de hojalata sobre la cabeza, camino del apeadero. En las noches muy oscuras llevaba un hacecillo de pajas encendido, para evitar un tropezón que devolviese al suelo el jugo que el rumiante que trabajaba por cuenta de Juanita Arruallo había extraído de sus hierbas.

El jarro pesaba mucho más en el verano que en el invierno, porque en el verano Pilara no pensaba más que en él, y en el invierno era tan grande el miedo que sentía al atravesar la fraga sumergida en la noche, que cualquier otra tortura se le hacía, si no insensible, llevadera.

Desde que entraba en el bosque procuraba no mirar más que al suelo, donde blanqueaban las piedras y los charcos se confundían con la tierra hasta que los revelaba bruscamente la luz. El camino que seguían los carros estaba cubierto por un lodo casi líquido en el que se sumergían las zuecas, y era preciso ir por senderillos que se retorcían entre los árboles. Y a veces miraba a derecha o a izquierda. Y os digo que los árboles de una vieja fraga no son gratos de ver cuando se va solo y de noche entre ellos y los ojos con que se los mira únicamente han visto encenderse doce veces las llamitas de las cerezas en los huertos. Porque es verdad que los pinos jóvenes se complacen en fingir siluetas humanas: el perfil de un rostro con una gran nariz, o el de un hombre con barbas…; y algunas matas copian figuras de animales, y esto no es bueno para el corazón porque, mientras el engaño no se comprueba, resulta imposible evitar el recuerdo de que el diablo -¡renegado sea!- se presentó muchas veces a mozos que volvían de una romería o de la «tuna», con más o menos aguardiente de caña en el estómago, bajo la apariencia agigantada de un caballo o de un perro. Y aún quedaban los troncos de los castaños ya carcomidos por la vejez, con sus jorobas y sus raíces gordas que sobresalen de la tierra y parecen moverse según oscila la llama del «fachuzo»; y las mimbreras, con sus varillas de acerico, como una cabellera erizada; y las ramas que bajan hasta cerca del suelo con otras ramillas en la punta, semejantes a garras en el brazo de un esqueleto... Y la lechuza, que sisea como si alguien llamase misteriosamente... No, el bosque no es agradable de seis a siete de un día de invierno, antes de amanecer. Luego la lluvia hace toda clase de ruidos misteriosos, según caiga sobre la tierra desnuda o sobre los pinos o sobre las hojas secas de roble, que son las que perduran aún en el suelo. Y se diría siempre que el aguacero guarda su abundancia y su furia para aquel escaso ámbito que ilumina la antorcha, porque en él -aunque parezca que llueve poco en la fraga- se ven pasar rápidas y apretadas lanzas de agua, con guerrera prisa de herir el suelo, apresuradas, implacables, relampagueantes, con la inclinación que puede llevar un dardo al caer.

Pilara ha de alcanzar los carriles, ha de llegar a la estación, que -al borde de la única vía- sólo revela su carácter porque hay una casita gris con un farol en la pared y tan pequeña que la copa de una acacia basta para ocultarla. Después Pilara se sienta en el borde del andén o junto a la negra empalizada de traviesas y espera la llegada del tren. Allí hay, calladas e inmóviles, otras sombras que aguardan: vendedoras, labriegos; alguna vez Geraldo, que sigue yendo a La Coruña con la ya disminuida esperanza de encontrar a Hermelinda, de la que nadie ha vuelto a saber, aunque no faltaba quien dijese que estaba en Madrid, y quien dijese que vivía en un pisito de la

Ciudad Vieja y que vestía muy bien, y quienes contasen, en fin, tan variadas historias que Geraldo, firme en su amor, después de sufrir con todas, terminaba por no creer en ninguna.

Cuando el convoy se detiene, Pilara corre hacia el furgón donde viene la lechera que baja desde Guísame. Hay que entregar el jarro lleno y recoger el de la víspera, que traen vacío, y los sábados, cobrar también el dinero de la mercancía, envolverlo bien en el trapo que sirvió sobre la cabeza de la criadita de rodete para mejor sostener la carga, y volver a remontar la vía y atravesar el bosque.

Todas las mañanas, a las seis, la voz chillona de Juanita Arruallo sale de su dormitorio, atraviesa la cocina y un corto pasillo, entra en la alcobita de la niña y suena allí, empavorecedora:

-¡Ay, Pilara! ¡Pilara! ¡Que son las seis, condenada chiquilla!

Y como si la voz fuese un ser material y tuviese manos y la hubiese sacudido con ellas, Pilara se sobresalta y aparece sentada sobre el jergón.

-¡Sí, señora, sí! -balbuce.

-¡Ay, esta rapaza...; me mata a disgustos! ¡Vas a perder el tren, dormilona!

Pilara no se quita más que el vestido al acostarse. Ya están buscando sus pies entrada en las zuecas.

-¡Ten cuidado con la leche!

-Tendré, señora, tendré.

-Dile que no olvide que mañana es sábado.

-Diré, sí señora.

Ya suenan las zuecas en el pasillo de tierra pisada.

-Vuelve pronto.

-Volveré, sí señora.

Ya rechina la gorda llave en la cerradura grande y oxidada, que parece una libra de chocolate.

-¡Como te caiga el jarro, mátote!

-No cae, señora, no.

Aunque Pilara estuviese contenta, al acordarse de que debía atravesar la fraga ente las frías sombras, sentía encogerse su ánimo. Era para ella el más rudo y abrumador de sus deberes; si alguna vez rogaba algo al Ser omnipotente y misterioso que se inclina desde su grandeza para escuchar las pequeñitas cosas que los hombres le piden, era para solicitar que la vaca que, como ella misma, trabajaba para Juanita Arruallo no tuviese leche que vender a la lechera de Guísamo ni a ninguna de las que bajaban en aquel viejo tren que se paraba en el apeadero, brillante de agua, temblando de frío y envuelto en la bufanda cardada de su humo gris.

Un día la Fatalidad salió al encuentro de la criadita en las veredas de la fraga. Y ocurrió algo estremecedor. Fue uno de esos acontecimientos que ya no se olvidan nunca, que dejan en algún sitio del alma un recuerdo que no se puede rozar sin angustia: Pilara perdió un duro.

Después de contar y recontar las monedas, Juanita Arruallo la llamó:

-¿Tú repasaste el dinero, muchacha?

-Repasé, señora, repasé.

-¿Y estaba bien?

-Estaba, sí señora.

-Pues aquí falta un duro.

Se quedó sin habla. Un duro… ¿Cuántas cosas se podían hacer con un duro?

¿Hasta dónde llegaba el poder misterioso de aquel disco de plata? Tantos días de esfuerzo, tanto trabajo le costaba a ella ganarlo, que si había de juzgar por esa única referencia, un duro era un tesoro. Balbució al fin que, como siempre, había envuelto los cuartos en la tela del mullido y, como siempre, regresara sin detenerse en ninguna parte. Juanita Arruallo se acordó de repente de la famélica viuda y de las veces que había ido a pedir anticipado el sueldo de la chiquilla.

-¡Tú has visto a tu madre, Pilara!

-¡No vi, señora, no vi!

La mujer comenzó a dolerse:

-¡Ay, nunca Dios me diera! ¡Acabas conmigo, condenada! ¡Eres la ruina, eres la ruina!

Y Pilara rompió a llorar con desconsuelo, arrebato que pareció sospechoso a su ama porque aún no le había puesto la mano encima, y para que la aflicción de la chica no careciese de sinceridad, le dio algunos cachetes y le anunció que le descontaría el duro, con lo cual ya no tendría que pagarle aquel mes. Luego le dijo que, si no se lo había dado a nadie o no lo tenía oculto, sólo quedaba por admitir la posibilidad de que, movida por su mal corazón y por su tendencia satánica a distraerse, lo hubiese perdido; y por si fuese así, debía desandar el camino, buscándolo cuidadosamente. Pero antes tenía que dar de comer al ganado, preparar la olla del caldo, extender tojo cortado sobre la era, que se estaba convirtiendo en un barrizal, y limpiar el horno, ya que era preciso cocer pan aquel día. A Pilara, a partir de tales órdenes, le fue tan difícil encontrar un momento libre para llorar, que tuvo que simultanear esa acción con las otras, enojoso cuidado para el que se precisa una gran práctica.

Aquella misma mañana Fendetestas encontró un cliente en la fraga. Era un acomodado labrador de Armental y se llamaba

Roque Freiré. Fendetestas había trabajado alguna vez como jornalero en sus tierras. Cuando lo vio, saltó desde el borde al fondo pedregoso de la corredoira, con gran estrépito de zuecas, y se puso a golpear frenéticamente el suelo con un garrote. No podía negársele cierto instinto de bandido y, por tenerlo, era algo espectacular.

-¡Alto, me caso en Soria! ¡La bolsa o la vida!

Entonces aún no se ordenaba levantar los brazos. Cada época tiene sus estribillos. Roque Freiré era un hombre pequeño y gordo, con leves patillas canosas y un grande sombrero de alas abarquilladas. Subía fatigosamente el declive de la corredoira y se detuvo, quizá asustado.

-¡Ah! Eres tú, Malvís.

-¡Aquí, la bolsa o la vida! -bramó el apelado, desentendiéndose; y para dar idea de la firmeza de sus decisiones, asestó cuatro estacazos más a la tierra, asido el garrote con ambas manos.

-Buenos días, Malvís -insistió el otro.

-Buenos días -contestó de mala gana Fendetestas-. Venga el dinero.

-Pero ¿qué haces aquí, hombre? -indagó Freiré cariñosamente, como si no hubiese escuchado la demanda.

-¿No lo ve o qué le pasa? Estoy haciendo de ladrón.

-Ya había oído, ya había oído -declaró el asaltado, movilizando toda su cazurrería- que andaba por aquí un tal Fendetestas, pero no sabía…

-También a usted le llaman Barriga de Unto. ¿Quiere dar el dinero? Si no quiere darlo por las buenas, saco el pistolón.

-Pero Malvís…, entre tú y yo… ¿Es que no me conoces?… Tú y yo somos amigos…

-Mire, señor Freiré, en el negocio no puede haber amigos. Entonces... ¡Estaba aviado! A mí me gusta cumplir. ¿Se acuerda de cuando me tenía de jornalero en su casa? Trabajaba formalmente, ¿no? Pues sigo siendo el mismo. Ahora trabajo de ladrón, y más serio que la mar. Fuera de aquí, si a mano viene, podré hacerle un favor; pero aquí..., a lo que estamos. ¡A ver, el dinero!

Dio un paso hacia adelante. El bueno de Freiré, apoyado en una aguijada de castaño más alta que él, parecía meditar.

-Dinero, no se puede decir que llevo dinero. Tengo aquí unos cuartos, pero como voy a pagarle al carpintero de Orto un carro nuevo que me hizo, ya no son míos, sino de él. Y ya sabes que él es un pobre.

-¿Cuánto lleva?

-Llevar, llevo cuarenta pesos. Ahora que... ya te digo...

-¡Vengan!

El labrador puso la aguijada bajo el brazo, sacó un anudado pañuelo de colores y comenzó a desliarlo lentamente.

-No quiero decirte que estás perdiendo tu alma, Fendetestas -dijo-; eso es cuenta tuya. Bien podías robar a los del pazo o a los tratantes de Castilla, que sería menos pecado. Pero ya que la tomaste conmigo, sé considerado, hombre, que también yo soy un cristiano y tengo que vivir. Voy a darte dos pesos...

-¡Todo!

-Voy a darte cinco pesos...

El nudo del pañuelo no acababa de deshacerse.

-¡Démelos todos, señor Freiré, me caso en Soria!

-¡Hombre, no seas así...! Yo no te pido ya que no me robes, pero somos amigos.

Róbame como amigo. Entonces, ¿qué?... Si pasa un amigo por aquí, ¿vas a robarle como a un advenedizo cualquiera? Eso no es formal. Hasta un carro de patatas vale más o menos según a quien se lo vendas. Hazme una rebaja.

-¡No puedo, señor Freiré! ¡Lo digo de verdad: no puedo! El nudo no se deshacía.

-¿Quieres diez pesos?

-Ni un real menos. ¡Vaya! Para que no hable más: le dejo veinte pesetas.

Roque Freiré discutió, como sólo él sabía discutir cuando compraba un buey en la feria. Sus uñas cortas y fuertes arañaban mientras tanto el anudado pañuelo en la farsa de no poder aflojarlo. Cuando terminó el regateo, Fendetestas sudaba. Convinieron en repartir los billetes la mitad para uno, la mitad para el otro. Ni Freiré quiso dar más, ni Malvís quiso aceptar menos.

Cuando se hubo separado un poco, el hombre de Armental se detuvo. Evidentemente juzgaba la exacción excesiva.

-Oye, Fendetestas, ¿y tú que dirías si volviese con un amigo o con varios amigos...?

El bandido se le acercó, lento y colérico:

-¡Piénselo bien! -bramó-. Quizás pudieran cogerme; pero de todas partes se sale alguna vez, y por pobre que fuese, no habría de faltarme una cerilla para plantar fuego a su casa y asarle a usted dentro. De estos cuartos no verá un céntimo nunca. Bastante bueno fui. ¡Son míos! Y a mí no me roba nadie, ¿lo oye?, nadie. ¡Lo mío es mío! Quisiera saber qué cochino ladrón se atrevería a quitármelo. Váyase y déjeme en paz.

Freiré bajó la cabeza.

—Bueno, hombre; alguna vez hay que hacer una obra de caridad. No se hable más de esto.

Malvís guardó las cien pesetas, dejó ir a su cliente y él mismo se alejó de malhumor, repartiendo garrotazos a las matas y jurando que nunca le volverían a coger en otra. Pero al poco tiempo se tranquilizó pensando que Roque Freiré era, al fin, un hombre de cierta influencia y que en esta vida, donde uno no sabe lo que le puede ocurrir el día de mañana, no estaba de más hacer a un hombre influyente un favor que poder recordarle en un momento de apuro.

Marchaba caviloso, mirando al suelo. Vio brillar algo y lo recogió: era un duro. Todo lo que pensó fue que sería mucho mejor hallar una onza de las antiguas, y miró -removiendo con el garrote las hojas secas- si había alguna otra moneda. Pero no encontró más. Continuó su camino mientras evocaba los tiempos legendarios en que los laboriosos ladrones se llevaban pucheros de barro llenos de onzas de oro e hinchaban sus alforjas con víveres y pesados objetos de plata cogidos en las rectorías.

¡Cuando él robase la casa del cura...! Tenía que planear bien aquello de la casa del cura...

*

Mediaba la mañana cuando Pilara acometió, en el programa de sus actividades, la faena de buscar lo perdido. Volvió casi sobre sus pisadas porque conocía tan bien el camino que no podía engañarse. Encorvado su cuerpecillo, poca distancia había entre la tierra mojada de lluvia y sus ojos cándidos mojados de lágrimas. Iba llorando, despacito; pero esto no le estorbaba para buscar, porque estaba habituada a hacer muchas cosas mientras lloraba.

Pasito a pasito entró en el bosque. Doblada como la hoja de una hoz, empujaba la falda con sus manos entre las rodillas para que no le impidiese ver perfectamente el suelo. Las greñas oscuras pendían alrededor de su cara. Era muy morena y esto hacía que la juzgasen fea, porque en el campo gallego rara vez se reconoce belleza en lo bruno.

Avanzaba, avanzaba... Vio una tuerca de hierro entre el musgo y la guardó. Vio insectos andando trabajosamente en la selva en miniatura de las hierbas, y una pina con sus leñosas hojas separadas como las plumas de un ave enfurecida. No se oía más que el graznido de los cuervos.

De repente, una voz la sobresaltó:

-¿Qué perdiste, niña?

Fendetestas, sentado en el alto borde de la corredoira, con las piernas colgando, comía una manzana.

Le miró, echándose hacia atrás los cabellos.

-Perdí un duro -gimió.

El ladrón de la fraga segregó inmediatamente indiferencia, como el calamar segrega tinta para esconderse de sus enemigos.

-Venía del tren... -comenzó Pilara, y se hundió en uno de esos relatos prolijos que tanto ama la gente de aldea.

La manzana crujía, mientras tanto, bajo las dentelladas de Malvís.

-Se pierden muchas cosas -comentó con la boca llena.

-¿Usted lo vio?

-¿El qué, muchacha?

-El duro.

-¿Sabes que no me acuerdo?... ¿Cómo era?

-¡Sí que lo vio, sí que lo vio!

-Bien, pues sí que lo vi: lo llevaba una urraca en el pico. Pilara reanudó su llanto.

-¡Usted lo encontró! ¡Démelo! ¡Por sus difuntiños: démelo!

Fendetestas inclinóse hacia ella. Su cara goteaba falsa inocencia sobre la corredoira.

-Pero, rapaza, ¿cómo quieres que te diga que no sé de él? Si lo perdiste, por ahí estará. Búscalo.

La malicia aldeana de la pequeñuela le avisaba de que aquel hombre mentía; sin poder razonarlo, estaba segura de que la moneda se encontraba en su poder.

-¡Es mi sueldo de un mes y me pegará mi madre! -sollozaba para conmoverlo. Fendetestas, aburrido, le arrojó el trozo incomible de la manzana y se echó a andar. Ella trepó, agarrándose a las raíces de un roble y marchó detrás de él.

-¡Deme el duro! ¡Déme el duro! Volvióse Fendetestas:

-¿No oíste hablar del ladrón de la fraga? Pues soy yo.

Lo que menos le importaba a Pilara era la identidad del detentador de su tesoro. No se asustó, ni tampoco le concedió crédito.

-¡Aunque no lo sea -continuó-; démelo!

-¿Cómo aunque no lo sea? -gruñó Malvís ofendido.

-¡Ay, ay…!

Esto fue lo peor: que Pilara prorrumpió en gritos, sin dejar de llorar ni de pedir su dinero. Fendetestas apresuró el paso y aquella estela de ayes y reclamaciones le seguía incansablemente. Cuando se volvía con intención de azotarla, la criadita daba una ligera carrera hacia atrás. Los ayes conmovían la fraga y Fendetestas pensó que se oirían en toda la parroquia y que los que pasasen por el bosque sentirían acaso curiosidad. No podía meterse en su cueva, porque la chiquilla iría detrás y concluiría por atraer gente. La sentía pegada a sí como una llama en sus ropas. Dio rodeos, y Pilara detrás. Se metió entre los tojos, y la cabecita de la niña, asomando tan poco que no se la veía, continuaba emitiendo berridos de martirizada:

-¡Ay mi dineriño! ¡Ay mi duriño de mi alma!

Era incoercible e inatacable y parecía estar dispuesta a consumir toda su pericia en aquella persecución. Fendetestas llegó a pensar que estaría más a gusto si le diese caza la guardia civil.

-¡Ay, deme el duro! ¡Ay…!

¿Era posible que se pudiese llorar así, gritando tanto? Fendetestas acababa de descubrir el arma de la infancia y comprobaba, espantado, su inesquivable poder. Se juró no entregar nunca el duro, pero apenas consiguió aguantar media hora. Terminó por pararse y metió la mano en el bolsillo.

-¡Me caso en Soria…! -rugió, arrojando al suelo la moneda.

Y la paz que siguió se le antojó increíblemente barata. El bosque entero pareció aliviado de una emoción angustiosa, porque al cesar los ayes de Pilara percibióse un silencio más hondo que el habitual, como si los árboles y los pájaros, inmóviles, con sus almilas en suspenso, hubiesen estado atentos a aquella larga lamentación desgarradora, para adivinar su sentido.

La liebre que, asomando por el tojal el hociquito estremecido, vio pasar a Pilara -tan apretada la mano que la moneda dejó en ella su señal-, reconoció que, en una carrera de cien metros, no le podría dar más de veinte de ventaja.

Juanita Arruallo la riñó largamente por el tiempo perdido, porque el haber encontrado el duro demostraba que lo había extraviado antes, y porque a los niños y a los criados, en opinión de ella, si no se los riñe siempre, no se consigue hacerles observar sus deberes. Pero el resto del día fue dichoso para Pilara, pues tuvo que llevar dos ferrados de trigo a Fraís. y había baile y estuvo diez minutos viendo danzar a las mozas desde la puerta, fijándose mucho para aprender.

Porque después, por la noche, desde la ventana de su dormitorio divisaba, muy remota, la luz del salón de fiestas, y los instrumentos de metal, entusiastamente sonoros, se dejaban oír casi melancólicos, dulcificados por una lejanía de dos mil metros. Y entonces Pilara, en la sombra y en la soledad, bailaba hasta la fatiga sobre el suelo de tierra apisonada, con los pies descalzos. Fuese cual fuese el ritmo, su baile consistía en unos pasos menuditos de dirección indecisa, como si anduviese en puntillas sin saber hacia dónde ir: un brazo doblado en el aire y el otro recogido sobre el pecho. Hablaba en voz tenue con compañeras imaginarias. Era su fiesta. Y en aquellos instantes nadie había más feliz en Cecebre.

Estancia IX: El Pueblo Pardo

Al borde del plato de arroz con leche que acababa de servirse el señor D'Abondo, una mosca bebía con insistente avidez. El dueño del pazo de Cecebre agitó cerca de ella la cucharilla, y la mosca no se movió. Entonces aproximó un dedo, casi hasta tocarla, sin que el insecto perdiese su presencia de ánimo. Luego la empujó un poco, con prudencia, para no precipitarla en el lácteo zumo azucarado, y la mosca levantó apenas las dos patitas traseras, como para darle a entender que molestaba, y siguió sorbiendo.

-¡Así Dios me lleve como me parece que me ha coceado! -exclamó el caballero, ya en el límite de un estupor que era casi cólera.

-Hoy están terribles -afirmó su mujer manoteando sobre el frutero, que humeaba dípteros.

Al mismo tiempo, a más de medio kilómetro del pazo, el perro Cuscús, después de tirar furiosas © inútiles dentelladas contra las moscas, se levantó malhumorado en busca de una nueva sombra en la que poder dormir tranquilamente su siesta. En todos los establos mugían los bueyes, afligidos por un acoso igual. En las cocinas, las mujeres, entre una nube zumbadora, tapaban las marmitas y protegían los manjares con paños y papeles, maldiciendo la plaga. Los veraneantes, sin fuerzas ya para defenderse, discutían acerca de los lugares y de los años en que habían visto más moscas juntas.

No quedó aquel día un hombre ni una bestia en toda la parroquia que no fuese acosado, cosquilleado, irritado, estorbado, perseguido y desesperado por las moscas.

Si Esmorís y su mujer no se hubiesen marchado a San Pedro de Nos, donde tenían que comprar un ternero, o si regresasen en aquellas encendidas horas de la siesta para las que guardaba la fraga sus más fuertes aromas, hubieran quizá creído que una brujería pesaba sobre su casita, especie de cajón de piedras oscuras partido interiormente en dos por el pasillo que separaba el establo de la cocina: estancias únicas, porque la cocina hacía a la vez de comedor y de dormitorio.

Y no es que los Esmorís se asustasen de las moscas; hasta puede decirse que no se daban cuenta de su realidad aunque pasasen por sus mejillas, a fuerza de una convivencia que no se interrumpía ni en el rigor del invierno. Pero aquel día eran tantas las que se habían acumulado allí, que no había pared ni objeto que no apareciese negro, y el aire, moteado de puntos movibles, estaba lleno de rumor. En el establo ya no había sitio para más. Los lugares que la mosca apetece en los bueyes - que son el hocico y los párpados- los habían ocupado ya las que llegaron primero, y sólo quedaban libres algunas pulgadas de piel en los flancos, donde alcanza el radio de acción del rabo. Pero aun así, muchas moscas posábanse allí y levantábanse, alternativamente, según las crines abanicaban.

Se abría un solo ventanuco en la pared, sin cristal y tan estrecho que no dejaría paso al fuerte puño de Esmorís, especie de aspillera para renovar con parsimonia el aire. El ambiente estaba cargado de ese olor dulce del ganado vacuno y del olor agrio del tojo pisoteado, en fermentación, que le servía de lecho. Todo era penumbroso y estigmatizado por la sordidez aldeana. La araña que se había establecido en el ventanuco y que llevaba allí muchos meses, estaba asustada de aquella afluencia y no sabía qué hacer. Después de dar unas alocadas carreritas por su tela, terminó por esconderse en el nidito de seda del rincón y asomaba la cabeza pensando en qué acabaría todo aquello, y arrepintiéndose de no haber tendido sus redes, como tantas otras, en los tojales de la fraga, en vez de ir ambiciosamente a la casa del hombre, donde si es cierto que se vive mejor, también abundan los peligros y los fenómenos más extraordinarios.

Hu-Hu estaba colgada, cabeza abajo, de un negruzco cabo de cordón que pendía del techo, rematado por un gancho donde Esmorís, cuando entraba a revisar los bueyes por la noche, sujetaba su candil de aceite. Hu-Hu se frotó las patas delanteras, acarició con ellas su cabeza y comenzó su discurso.

-Hermanas -dijo-, el Pueblo Pardo celebra ahora una de sus grandes concentraciones para estimularse a sí mismo en la lucha que sostiene. En todos los establos, en todas las cocinas, en las casas todas de la comarca, sobre los campos y sobre los caminos, en los ámbitos de la fraga, millones y millones de compañeras zumban con entusiasmo nuestro viejo himno, cuya única estrofa dice:

¡Uuuh: la tierra es nuestra!
¡Uuuh: de norte a sur!

»Os saludo a todas: a las que nacisteis aquí, a las que llegasteis volando, a las que vinisteis en los trenes y en las diligencias torturando a los viajeros, a las que realizasteis el viaje sobre la piel del ganado que vuelve de las ferias o en las carretas de los labradores. ¡Animoso espectáculo el de nuestra solidaridad y el de nuestro número!

»Estamos aquí para afirmar una vez más el derecho que nos asiste al dominio total y exclusivo de la tierra. El mundo fue creado únicamente para nosotras, y buena prueba de ello es que casi todos los demás seres trabajan, y si no trabajasen, morirían. Trabaja el hombre, y el tigre, y el elefante, y los pájaros que hacen su nido, y el escarabajo que fabrica su bola y cava su agujero, y la odiosa araña que urde su tela... Y los que no trabajan, como los parásitos, necesitan que trabaje otro ser o, si son vegetales, quedan a expensas de los jugos de la tierra, como los árboles, o de los cuidados ajenos, como la patata y las habichuelas y el maíz. Todos esos usurpadores se agarran a la existencia con la ventosa del trabajo, y en cuanto renunciasen a ella caerían en el abismo de la nada. No viven por derecho natural, sino apelando a una inteligencia más o menos amplia, con la que burlan el desentendimiento en que los tiene la naturaleza. Entran en la vida y se sostienen en ella con ganzúa, queridas hermanas: con la ganzúa de la inteligencia. (Un fuerte ¡uuuh! de asentimiento corrió por el establo; casi todas las moscas abandonaron sus puestos, revolaron un poquito y, cuando se apaciguó su entusiasmo, se volvieron a posar).

»En cambio, nosotras -continuó Hu-Hu-, no necesitamos la inteligencia para nada y carecemos felizmente de ella, lo cual es una prueba de nuestra preeminencia. El resto de los seres creados dedica todas sus horas a la busca de alimentos, lo que hace que su vida sea monstruosa e inútil, puesto que la consagran a procurarse los medios de sostenerla y se consumen en un círculo vicioso en el que la causa sostiene los efectos y los efectos sostienen la causa, sin que puedan salir de ahí. Pero una mosca encuentra siempre su alimento en cualquier parte, en el valle o en la montaña, en el campo o en la ciudad, en el desierto o entre muchedumbres, en el lodo de los caminos o en las porcelanas del comedor de un palacio, en la piel de una vaca o en la calva de un hombre. La naturaleza tiene ubres repletas y múltiples para nosotras porque desea nuestro prevalecer. Porque, en tres palabras, somos sus elegidas. (¡Uuuh!, ¡uuuh!, zumbaron, enardecidas, las moscas).

»No necesitamos el entendimiento para nada, y ésa es nuestra supremacía; la inteligencia resulta peligrosa porque puede hacer que un individuo se sobreponga a los demás individuos o un pueblo a otros pueblos, no por la razón natural del número, sino por mañas nacidas en el interior de su cabeza. Entre nosotras no hay nadie que descuelle, nadie que se distinga ni en un punto de las demás; todas tenemos la misma presencia sencilla, la misma figura sin variantes, el mismo color que casi no es color, modesto, universal y significativo: el color pardo, que es el que conviene a nuestro pueblo. Pudiera decirse que nuestras alas, nuestras patas, todo cuanto nos forma, está fabricado en serie. Con esto nos evitó también la naturaleza los tremendos disgustos y las grandes preocupaciones que padecen los animales que se diferencian entre sí, que son -con leves excepciones- todos los demás. En el Pueblo Pardo, los padres no conocen a sus hijos ni los hijos a sus padres, y si fuese posible que una mosca se enamorase de otra mosca, al separarse de ella -lo que ocurre bien rápidamente- no la volvería a conocer. ¿Qué significa esto? Esto significa algo de enorme trascendencia: significa, compañeras, que hemos realizado completa, perfectamente, la igualdad y la fraternidad sociales. (Los ¡uuuhs! se hacen frenéticos. Las moscas que están en el lomo del buey alzan el vuelo para hacer demostraciones de conformidad).

»Todas somos una y la misma -siguió la oradora-; lo que hago yo, lo puedes hacer tú; lo que vale ésta, es lo que vale aquélla; no tenemos reinas, como las abejas; ni jefes, como las manadas y los rebaños salvajes; ni guías, como las grullas cuando emigran... Ninguna autoridad, en fin; sólo la masa inmensa, sólo el pueblo. Y en este sistema feliz hemos prosperado tanto que podemos presentar, sin que las rebata nadie, nuestras pretensiones al dominio del mundo. Porque somos los más numerosos sobre el haz de la tierra, entre todos los que andan y todos los que vuelan; más que las estrellas y más que los granitos de polvo de los caminos. Y es ridículo que el hombre -que se atreve a manejar esos argumentos- se llame el rey del mundo cuando en esta comarca, sólo en esta comarca cuyo diámetro puede recorrer en un día cualquiera de nosotras, somos más que todos los individuos de la raza humana esparcidos sobre la costra terrena. Si hubiese tantos leones como moscas, o tantos perros, o tantos cuervos, o tantas avispas, ya hubieran conseguido hacer la vida imposible a los demás seres y disfrutarían felizmente de su hegemonía en el mundo. ¿Por qué no la hemos logrado nosotras?) (Hu-Hu enroscó la trompa pensativamente y al desenroscarla de nuevo dijo:)

»La envidia y la incomprensión nos persiguen. Todos los demás animales, ¡todos!, son nuestros enemigos; todos nos odian, todos se nos sacuden, todos procuran aplastarnos o darnos sustos de muerte. La persecución reviste siempre caracteres trágicos. Porque los hombres no nos meten en jaulas preciosas, como a los pájaros y a los grillos, a los que dan de comer y de beber; ni nos cuidan como a ese buey sustancioso que ahí vemos; ni conceden treguas o vedas en la matanza, como hacen con la liebre y con el conejo y con la perdiz. ¡Nos aniquilan siempre que nos encuentran! Nuestros más graciosos giros le exasperan, idea estremecedores procedimientos de exterminio, nos aborrece. Y entre los demás seres, no hay ninguno que acepte una alianza con nosotras; no hay ninguno que con el rabo o con la boca, con el pico o con las plumas, deje de repelernos cuando nos posamos dulcemente en él. Nuestra fama de estupidez, de impertinencia y de pesadez es universal. Pues bien, reaccionemos contra ella, ataquemos también a nuestros enemigos. Sólo hay una manera de reducirlos, de obligarlos a que se nos entreguen, acaso de borrarlos para siempre de la naturaleza: el terror. La conclusión de esta asamblea, como las de los años anteriores, es insistir ahincadamente y por todas partes en nuestra campaña terrorista que tan buenos resultados está dando, según se verá más adelante. Empleemos la violencia contra la violencia. Y como el sacrificio individual está facilitado entre nosotras por nuestra inconsciencia magnífica, y como somos en número infinito, y como por cada mosca que muere nace un millón, alcanzaremos el triunfo. Compañeras: ¡tres uuuhs por la igualdad!

-¡Uuuh! ¡Uuuh! ¡Uuuh! -zumbó el enjambre.

-¡Tres uuuhs por la fraternidad!

-¡Uuuh! ¡Uuuh! ¡Uuuh!

-¡Tres uuuhs por el terror!»

El mosconeo fue entonces tan profundo que, por primera vez en su vida -y ya era vieja-, la araña del ventanuco tuvo miedo de sus víctimas y las largas patitas le temblaban como en los días de más fuerte viento. Pero se equivocaría el que pensase que eran las palabras de la oradora las que provocaban esta excitación. En verdad, no la habían escuchado, porque como todas pensaban lo mismo siempre, no necesitaban atenderla para saber lo que decía.

Hu-Hu volvió a perorar, aunque en tono más llano.

-Tenemos ahora que dar cuenta de varios hechos heroicos realizados por las compañeras de la comarca contra algunos de nuestros voluminosos usurpadores, y esperamos que sirvan de estímulo para perseverar en la lucha hasta conseguir nuestro fin, que es llegar a ser tan gordas como ellos. No podemos decir concretamente quiénes fueron las autoras de la proeza, por eso de que todas somos iguales y no nos distinguimos. Esto impide también que distribuyamos premios entre las hazañosas.

¡Atención!

»Primer caso:

»Cuando la pequeña Pilara, que está sirviendo a la vieja Juanita Arruallo, le llevó a su ama el tazón de caldo del almuerzo, dos moscas se precipitaron en el hirviente líquido, donde quedaron súbitamente muertas. Juanita Arruallo quitó prudentemente los cadáveres y los arrojó al suelo; pero como descubriese los de otras dos que se habían caído ya en la cocina, desatose en injurias contra la rapaza y le arrojó al rostro una cucharada del caldo, donde iban también nuestras dos compañeras. La chiquilla, entonces, sorprendida y abrasada, dejó caer su propio cuenco, que era de barro cocido y esmaltado, y que se rompió. Al ver aquello, su ama la cogió por un brazo y la golpeó todo el tiempo que puede tardar una mosca en volar un cuarto de legua. Pilara se quedó sin comida, y si no lloró demasiado tiempo, fue porque tenía mucho que hacer. El sacrificio de esas cuatro compañeras resultó, como se ve, fructífero.

»Segundo caso:

»Ese señor que llegó de la ciudad con los tacones torcidos y la cara del color de la leche hervida y se pasa las semanas en la casita que alquiló, leyendo libros y escribiendo en papeles con una tinta que no sirve para ser chupada por nosotras, fue acometido furiosamente por una mosca juramentada en el terrorismo. Le atacó la nariz y los ojos y las mejillas, zumbando terriblemente, y se paseó por la cuartilla en que escribía, desaprobándola y menospreciándola con motilas redondas, El señor pretendía espantarla, y ella volvía una vez y otra vez, hasta el punto en que él ya no pudo seguir trabajando y se dedicó a manotear, con la razón casi perdida, porque media hora después, abandonada toda esperanza de tregua, se le oyó gritar: "Pero ¿qué le hice yo a esta mosca? ¿Qué quiere esta mosca de mí? ¡Que suba a explicármelo Maripepa, que es de la parroquia!"

»Como nuestra compañera se posara cerca del tintero, un manotazo del señor color leche hervida lo derribó, y todos sus papeles se tiñeron de negro. El hombre sollozaba "¡Mi tesis, he perdido mi tesis!" No sabemos lo que es, pero desde entonces está enfermo. En cuanto a nuestra compañera, recibió un trastazo que le dejó el cuerpo dos días dolorido, pero ya está bien.

»Tercer caso:

»El buey de Xan de Bribes estaba tragando montones de hierbas en el prado de su dueño. Otra compañera nuestra se le metió en un oído e hizo allí las locuras que pueden ocurrírsele a una mosca en tan ahogado recinto: voló, zumbó, cosquilleó, tropezó con las paredes y, llevada por la curiosidad, se internó como si buscase el camino del cerebro. Apenas lo ensayó, el buey comenzó a mugir y a tirar cornadas al aire y, al fin, emprendió una carrera frenética, y en su ansia de huir de lo que llevaba dentro, alcanzó una velocidad que ningún otro buey logró desde que hay bueyes. Atravesó el prado y los maizales y bajó como un alud la corredoira. Por la corredoira subían doña Juanita Arruallo y la pequeña Pilara, que llevaba una cesta de pavías para vender en la feria de Cambre. Juanita Arruallo trepó por la casi inclinada pared del encallejonado camino y se agarró a las raíces de un castaño; pero la pequeña Pilara no pudo hacerlo porque su ama le gritaba que si tiraba la fruta habría de cobrársela en golpes. El buey la derribó y la llenó de cardenales -aunque a los doce años se tiene el cuerpo de goma-, y es seguro que la niña hubiese llorado mucho tiempo si no tuviese que buscar y recoger las pavías que rociaban por el sucio en declive. En cuanto al buey de Xan de Bribes, siguió en su desenfreno, puso en fuga despavorida a un grupo de veraneantes, haciendo caer a algunas señoras, y terminó por meterse en la taberna, donde corneó mesas y sillas. Antes lo habían encontrado Luisito y Anita, que forman una pareja de novios entre los veraneantes, y apenas lo vieron acercarse con el ímpetu de una locomotora, Luisito se subió a un árbol, desde donde comenzó a aconsejar a su amada que se subiese a otro o, a lo menos, que procurase correr más que el buey. Pero Anita estaba ya en la cuneta, tan larga como era, perneando como un escarabajo panza arriba, y cuando salió de allí, se fue a su casa sin querer oír a Luisito; de lo cual parece desprenderse que ya no insistirán en sus propósitos de reproducirse.

»Todas estas catástrofes produjo nuestra arrojada compañera, y hemos de deducir de tal experiencia que, siempre que sea posible, hay que introducirse en los oídos de nuestros odiosos adversarios.

»He de añadir que son incontables las moscas que -conocedoras de las preocupaciones humanas- se han precipitado en los alimentos, especialmente en las sopas, el café y los guisos, obligando así a abandonarlos. Pero bien sabemos que, con mejor o peor fortuna, esta forma de terrorismo la practican nuestras compañeras en el mundo entero.

»La asamblea ha terminado, hermanas; diseminaos y cumplid con vuestro deber de ahuyentar la paz de entre los seres y de ensuciarlo todo».

Muchas moscas se quedaron allí; la mayoría salió como humo espeso por la amplia chimenea de la cocina y por el ventanuco y bajo las puertas melladas. Ya se habían olvidado de todo. La misma Hu-Hu, desprendida del cordel aceitoso y revoloteando entre el enjambre, perdió la memoria de lo que acababa de ocurrir, y le dijo a otra, montándose en ella:

-¿Quién es esa mosca que nos habló tanto tiempo? Me ha parecido muy elocuente, ¿verdad?

Pero esta confusión es natural tratándose de seres que alcanzaron la igualdad perfecta, hasta el extremo de que cada cual puede muy bien ser el otro. La mosca a la que Hu-Hu preguntó hizo un esfuerzo, respondiendo sinceramente:

-Pues no sé si habré sido yo misma.

Mientras, la nube iba saliendo y atomizándose, en vuelo hacia otros establos y otras cocinas, y hacia los campos y la fraga y los montones de estiércol. Y otras esperaron el tren de las siete y entraron por las ventanillas, aunque no eran ellas las que habían llegado de Betanzos, sino otras distintas; pero ninguna se acordaba.

Cuscús las vio aparecer temeroso, y gruñó:

«¡Asco de pulgas aladas!»

El Pueblo Pardo cantaba ardorosamente, al brotar por todas las grietas de la casa de Esmorís.

>¡Uuuh: la tierra es nuestra!
>¡Uuuh: de norte a sur!

Estancia X: Primavera en el Pazo

Los perros del pazo ladraron, y poco después entró un criado en el gabinete.

-Está ahí el loco de Vos.

La señora D'Abondo alzó los ojos de la labor, pero fue su cuñada, Emilia, la que dijo:

-¿Qué quiere?

-¿Qué ha de querer? Si no ve a la señora, no se marcha. Hoy le trae una ternera.

-¡Infeliz!

La sobrina que pasaba unos días en el pazo quería retirarse, asustada. Javier, que se asomó a la puerta al oír el anuncio del criado, la vio levantarse, pronta a huir, pero tía Emilia la retuvo, asegurándole la perfecta inocuidad del visitante. Javier se rió de aquel miedo y entonces su madre le vio y dispuso con su voz severa:

-Vete a estudiar.

El loco de Vos entró con una sonrisa en su cara llena de arrugas y cogió el borde del sombrero con su mano dura de labrador. Le perturbaba la manía de ser un gran señor y de tratar a grandes señores, y a los que tenía por tales los visitaba las pocas veces que conseguía burlar la vigilancia de la familia y apoderarse de algo que llevar como presente, porque entendía que no era propio de un prócer presentarse en ninguna casa con las manos vacías.

La gente devolvía después estos regalos, con la única excepción de un caballero que veraneaba en Fraís, que había degollado y comido con despreocupada alegría los dos pollos de un regalo del loco.

—¿Cómo te va? —preguntó tía Emilia, con la cabeza inclinada sobre la costura.

—Pues... —habló el viejo— tanto tiempo hace que no tienen el gusto de verme, que dije yo: «Voy a dar una vuelta por el pazo».

—Estábamos en ascuas —aseguró doña Emilia.

—Ahí, abajo, dejé una ternera...

—¿Para qué te molestas, Manuel?

—Yo quería traerles los bueyes —explicó él confidencialmente—, pero hubo algunas dificultades. Uno de estos días los tendrán aquí y vendré yo con ellos.

—Gracias, Manuel —aceptó doña Emilia, que sabía cómo seguir su locura—; nosotras pensábamos también regalarte la fachada del Obradoiro de la catedral de Santiago.

—Inútil —rechazó él, melancólicamente—; no tengo sitio en casa. Ahora vivo con mis hermanos y no me dejan expansionarme.

—Entonces te mandaremos la intemerata y el remondadientes.

—Eso es otra cosa —opinó el loco después de meditar un momento.

Y enardecido por aquella promesa comenzó a decir que siempre había pensado legar sus bienes de América a los señores D'Abondo y que, en verdad, no existía razón alguna para demorar ni un momento la realización de una idea tan distinguida. Tía Emilia le estimuló a marcharse inmediatamente a hablar con un notario, y el viejo sonrió con indulgencia, como quien oye hablar a un niño de asuntos que están fuera de su comprensión.

—¿Marcharme? No hace falta. ¿No sabe que puedo resolverlo todo desde aquí?

—¿Es posible?

-Desde aquí o desde donde quiera. Entonces, señoras, ¿para qué está el teléfono? Yo llevo siempre el teléfono conmigo. Verán. ¿Dan ustedes permiso?

-Damos, Manueliño, damos.

El loco se acercó a la pared, apoyó en ella su mano cerrada como para formar canuto y pegó los labios a los dedos.

-¡Tirriiim! -hizo.

En ese momento se quitó el sombrero que había conservado en la cabeza.

-Señor notario -habló-, apunte usted ahí que mis dos casas de La Habana son para estas dos señoras de la aristocracia.

Las miró de reojo. Ellas cosían. Se le antojaron poco jubilosas.

-Y mis ganados de Buenos Aires -añadió.

-Me parece demasiado, Manuel -comentó tía Emilia bizcando los ojos para enhebrar una aguja.

-¡Y todas mis propiedades de la Pampanga! -decretó frenéticamente el loco, cuyos conocimientos de la toponimia americana acababan de agotarse.

-¡Bueno! Eso es un abuso. Basta ya, o no aceptaremos nada.

El viejo volvió a cubrirse y se apartó de la pared, con semblante en el que sería vano buscar la más ligera huella de dolor por su desprendimiento.

-Todo arreglado -dijo-. El otro día hablé también por teléfono con el rey.

-¡Así, cualquiera! -pareció envidiar doña Emilia.

Y Rosina se echó a reír. Entonces el loco reparó en ella por primera vez.

-¿Es de la familia?

-Sí. Es una sobrina nuestra.

-En ese caso le traeré algo mañana. Voy a ver -agregó pensativamente- si puedo apoderarme del cerdo grande. ¿No será una hija de don Pedro?

-¿Con esa edad? Además, ¿ya no recuerdas que don Pedro murió soltero? Don Pedro es tío abuelo de ella.

-Por muchos años -deseó pulidamente el loco, pensando en otra cosa-. ¡Ah, don Pedro, don Pedro! Siempre me acuerdo de don Pedro. ¡Gran señor! Manejaba la «moca»[6] como el más fuerte, a pesar de sus cuarenta años. Llenaba de cardenales el cuerpo de los mozos y de hijos el vientre de las rapazas.

-Ya sabemos -cortó la señora D'Abondo, que hasta entonces había mantenido una actitud ausente.

-Sí, señora, sí. Yo era un rapaz, pero me llevaba siempre consigo y más de una vez me han abierto la cabeza a su lado. Me llamaba su escudero. Dicen que enfermó por un hechizo que le dio a beber aquella Gudelia. ¡Nunca otra mujer así vieron mis ojos!... Entonces no salía de su habitación de la torre, ni quería ver a nadie más que a ella y a mí. «¡Manuel -me decía-, ve a buscar a Gudelia!» Y yo iba... ¡Qué moza aquélla, Señor: daban ganas de arrodillarse para hablarle!

-¡Tirriiim! -hizo tía Emilia.

Levantó una mano para reclamar atención e inclinó la cabeza fingiendo escuchar algo.

-Te llaman por teléfono, Manueliño. Creo que es el emperador, que te espera en tu casa.

Y avisó al criado para que le acompañara hasta el portalón.

Las dos damas no hallaron en aquel episodio -que se repetía de tiempo en tiempo- ningún motivo de comentario. Pero Rosina preguntó:

—¿Qué fue lo del hechizo del tío abuelo?

Era novelera y le gustaban especialmente las historias de amor y las de aparecidos.

La señora D'Abondo desdeñó:

—¡Tonterías!

Pero su cuñada Emilia no debió de aprobar aquella afirmación, porque simuló no haberla oído. Estaba orgullosa de que en la familia D'Abondo hubiesen ocurrido acontecimientos extraordinarios; malos o buenos, ellos constituían la crónica de la casa. Y la mujer de su hermano, aunque de impecable origen, no era una D'Abondo. Había venido de Zamora, de la parte donde comienzan ya las tierras llanas, y en las tierras llanas la gente es más seca y carece de fantasía.

—De eso de tu tío abuelo se habló mucho y se habla aún -dijo-; ya es casi una leyenda. Él vivió por aquellos tiempos en que los señores permanecían la mayor parte del año en sus pazos, entre sus renteros, poco menos que como señores feudales, con lo que a nadie le iba mal. Tío Pedro viajó mucho en su primera juventud; fue a Roma y a Francia, pero después no volvió a salir de aquí. Es verdad que su pasión eran las mujeres y que no había con él moza segura. Aún no se ha olvidado la gente de sus burlas y de su audacia. Una vez...

—¿Estudias, Javier? -gritó la señora D'Abondo.

Del cuarto contiguo llegó, tras una pequeña pausa, la voz del adolescente:

—Estudio, mamá.

Pero no era cierto. Durante una hora se había inclinado sobre la Preceptiva Literaria. Estudiaba la página de los tropos, que por la noche había de repetir ante el cura, su preceptor. Leía que la metonimia era «la traslación del sentido recto al figurado en virtud de una relación de antecedente a consiguiente, de signo por lo significado, o sus contrarios», y no lograba fijar ni una sola palabra de aquéllas en su memoria. Dentro de su alma había un tumulto, una exaltación; tenía un deseo impreciso de no sabía qué, como si fuese sed, a veces, y a veces como si fuese afán de morder la frescura de una fruta; pero cuando se marchaba a saciar una u otra ansia en el comedor, resultaba que no le apetecía. Dábase a leer aquellas palabras: «... relación de antecedente a consiguiente...», y se quedaba absorto, con los grandes ojos azules muy abiertos, aunque nada viesen. De pronto, una ola de presentimientos le anegaba deliciosamente, sin motivo, sin concreción...; pensaba que algo iba a sucederle, que algo iba a revelársele en aquella habitación solitaria de paredes blancas y muebles oscuros. Tan sólo otra vez, cuando entró subrepticiamente en el cuarto de trabajo de su padre y pudo ver y tocar cuanto le estaba prohibido, experimentó igual sensación. Era como un mareo gozoso en el que los sentidos parecían ir a desvanecerse...; una cosa así como cuando descendía muy rápidamente en el péndulo del columpio.

Aquella mañana había ya sufrido síntomas extraños. Bajaba a desayunarse y vio entornada la puerta del dormitorio de su prima. Tenía hacia ella ese fácil afecto amistoso de la adolescencia, a pesar de haberse encontrado pocas veces. Resina vivió con sus padres en Pontevedra hasta que -apenas hacía seis meses- se casó, y esperaba en el pazo el regreso de su marido, forzado a un viaje profesional. Llevaba una semana con sus tíos, y en ese tiempo, sus aún no cumplidos diecinueve años la llevaban a veces a compartir los juegos del primo, que contaba un lustro menos.

Javier pensó súbitamente, ante aquella puerta entornada, en alguna travesura que asustase a la joven. Se acercó en puntillas y miró, pero no había nadie. Abrió un poco más la vieja hoja de castaño. Olía suavemente a un perfume... De pronto la vio, Estaba en la cama, de cara a él, y aún dormía. Sus cabellos tocaban el tablero alto y color de tabaco de la cabecera, en el que había talladas guirnaldas de rosas; un brazo desnudo se extendía hasta dejar que se asomase la mano al borde del lecho; el camisón de encaje -camisón de recién casada- descubría un hombro hasta allí donde el pecho comenzaba a iniciarse; bajo las sábanas, el cuerpo, delatado en el bulto de una cadera, le pareció a Javier distinto al de su prima, desconocido, impresionante como un pecado.

Miró, con una confusa idea de que no debía mirar, y por eso sin duda sintió el corazón apresurarse. Había un no sabía qué en aquel espectáculo de la muchacha dormida, nuevo para él en sus labios, que la presión contra la almohada hacía aparecer más gordezuelos; en la actitud inconsciente, en la desnudez -aunque discreta- del hombro y de los brazos. Las espesas pestañas, al unirse, producían el engaño de que había entreabierto los ojos, y Javier, alarmado, se marchó. Al llegar al extremo del pasillo se detuvo a escuchar y no oyó nada, espió la escalera y no vio a nadie. Entonces volvió sobre sus pasos, pero no se atrevió a detenerse otra vez en la puerta. Su prima no se había movido. El leve aroma manaba, tibio en la frescura del corredor. Javier escapó con un miedo repentino a ser descubierto. Llevaba en la boca una aprensión de sequedad, pero ninguna idea concreta en su alma: apenas ese temblor del agua de un estanque cuando algo la roza. No. ninguna idea más, sino la de que el hecho era reprochable, sin saber exactamente por qué. Como cuando registró el cajón, donde se guardaban abanaos y miniaturas, en la prohibida estancia de su padre.

Ahora había renunciado a estudiar. Pensamientos informes, como vedijas de humo, nacían y morían en su espíritu y le impulsaban no sabía a dónde ni a qué. Aquel párrafo hermético le esperaba siempre, quieto en la página, tenaz. Era como los mendigos que se sentaban en el poyo, a la entrada del pazo, con el saco a la espalda, apoyados en un bastón, un cuarto de hora y media hora, dueños del tiempo, y que repetían la misma súplica monótona cuando alguien aparecía en las ventanas o en el zaguán. Javier miraba el libro y el libro recomenzaba: «... en virtud de una relación de antecedente a consiguiente, de signo por lo significado...»

Acercóse silenciosamente a la puerta que comunicaba su cuarto con el gabinete donde las damas cosían. Tía Emilia contaba una historia. La prima Rosina, inclinada sobre su propio regazo, escuchaba embebecida en curiosidad; el pelo color de miel se esponjaba sobre sus sienes; en los ojos oscuros había ese puntito de luz que adorna cada grano del fruto de las zarzamoras; la medallita de oro que llevaba al cuello se había salido del descote y colgaba sobre los brazos cruzados. Mirándola desde su escondite, Javier renovaba la emoción de aquella mañana. «La veo y no me ve», pensaba. Y en esa trivialidad encontraba un encanto, sin sospechar que era la turbia impresión de horas antes la que revivía en él, porque también antes había espiado por una puerta entreabierta sin ser advertido.

Su atención se prendió lentamente en la historia que su tía narraba. Desenfocóse de la entrada para poder oír sin sobresaltos. Tía Emilia decía así:

-Lo mismo que el loco, todo el mundo afirma que aquella mujer -si en verdad era mujer y no un espíritu malo- no tenía igual. Gudelia había venido de la montaña, al morir sus padres, cuando ya era una moza, y desde entonces no hubo paz. Me han contado que era rubia, como la mayor parte de nuestras aldeanas; pero su piel no parecía blanca, sino dorada, como por el calor del infierno. Aun llevando las anchas vestiduras del campo, su cuerpo era una tentación: ágil, esbelta y fuerte a la vez; todo armonía. Pero la gente de aquel tiempo aseguraba que más que en nada de esto, la irresistible seducción de Gudelia residía en el olor de su piel.

-¡Oh tía Emilia! -rió Rosina.

-En el olor de sus cabellos y de su piel -insistió la narradora-. Y ella no usaba perfumes ni jabones de marca. Se bañaba en el río. Pero era así, y ya tengo oído de otros casos. Cuentan que cuando los mozos bailaban con ella los enloquecía el aroma de su pareja... El diablo puede hacer eso y mucho más.

-Pero ¿qué olor era, tía?

-Un olor suave, dulce y caliente... Es muy difícil dar idea de un aroma con palabras, Rosina. El que lo aspiraba una vez quería estar aspirándolo siempre y quedaba preso en él como en un vicio. Vivía en Vos con unos parientes, y en Vos y en todos los alrededores no había fiesta en la que no apareciese, con su pañuelo de seda caído a la espalda y el refajo rojo como una hoguera en que los hombres deseaban arder. Tuvo abundantes galanteos, y en las noches de los sábados, cuando los mozos salen de «tuna», muchos jóvenes se aventuraban por los oscuros pinares de Vos para ir a dar. con el canto de una moneda, en la puerta de Gudelia ese repiqueteo especial con que anuncian en las casas donde hay solteras que un mozo está allí y demanda palique.

»Cuando tío Pedro la conoció, se decía que Gudelia iba a casarse. Se vieron en una romería y él la llevó, por la noche, hasta Vos, a la grupa de su caballo. Ya en su casa, Gudelia le dio a beber un vaso de vino con agua y miel, porque él pretextó sed para demorarse. Y en esa bebida hay quien afirma que iba un embrujo. A decir verdad, no le hacía falta hechizo alguno a tío Pedro para perseguir a una joven bonita. Pero también es cierto que él se detuvo allí y desde que conoció a Gudelia renunció a las demás aventuras.

»Al principio, quizá porque la aldeanita no quisiera escandalizar excesivamente, tío Pedro se obligaba a observar precauciones para ir a verla. El futuro marido era un labrador de Lema, tenía que hacer una larga caminata para llegar a Vos, y sólo los sábados acudía a charlar con Gudelia hasta que los gallos cantaban. Pero un sábado, tío Pedro, porque le humillase ceder ante su rival o porque sintiese el incontenible afán de ver a su amada, preparó una treta. En otras circunstancias le hubiese bastado su garrote; en aquéllas, la voluntad de la muchacha, que ya se le imponía, le vedaba cualquier violencia que pudiera revelar a la gente su pecador entendimiento. Aquella tarde, tío Pedro se fue por la orilla del río hasta el molino que hay más acá de Lema. La víspera le había enviado al molinero un odre de vino del Ribero de Avia, y pretextó ir a probarlo. Había varios mozos sentados en los bancos enharinados, bebiéndolo en tazas, como se acostumbra. El novio de Gudelia estaba también, y unas mujerucas que se fueron cuando les entregaron su trigo molido, con prisa de no encontrar en el camino la noche que se avecinaba. En la cocina del molinero, cerca del lar, un desconocido asistía a la conversación sin mezclarse en ella. Era un campesino de unos cuarenta años, que había pedido en el molino el favor de que le dejasen calentar en el fuego el "compango" que traía entre sus provisiones. Debía de venir de muy lejos, porque en su cara y en su actitud había una inmensa fatiga, y sus botas -puestas a secar junto a la hoguera- estaban llenas de barro hasta los altos bordes. Aceptó un cuenco de vino, lo bebió con ansia hasta agotarlo, cogió un cigarrillo a medio fumar que guardaba tras de la oreja y lo encendió con un ascua de la cocina. Le abrumaban el cansancio y el sueño. El molinero y los mozos sospechaban que venía huyendo de la justicia, y uno de ellos le habló:

»-Parece haber andado muchas leguas, homiño.

»Él asintió con la cabeza y, acaso irritado por su mudez, otro mozo insinuó con socarronería:

»-Diñase que no le gusta caminar por las carreteras donde anda la guardia civil.

»-¡Ojalá fueran esos mis enemigos -dijo entonces el hombre-, pero hay otras desdichas terribles de las que un cristiano no encuentra lugar donde esconderse sobre la tierra!

»Tenía el acento cantarín de los montañeses de Orense. La inmensa tristeza de su voz sobrecogió a los mozos y ya no volvieron a molestarle.

»-Mala noche hará hoy -profetizó uno de ellos para cambiar de tema.

»-Peor de lo que nadie supone -intervino tío Pedro, que vio la ocasión de iniciar su propósito-, porque anda por aquí la Santa Compaña, que ayer vi yo sus luces desde el pazo, y esta cerrazón y este viento son lo más propicio para sus salidas.

»Un aldeano quiso fanfarronear.

»-¿Y usted la vio. don Pedro?

»-Como te veo a ti -mintió-. Pasó lejos, pero la distinguí bien. Era una larga hilera de fantasmas blancos y cada uno llevaba una tea en la mano. Muchos hombres han perdido su paz y hasta su alma por no creer en estas cosas que son misterios que nunca podremos comprender. Lo que os aseguro es que yo no me tengo por un cobarde, y sin embargo, por nada del mundo andaría en una noche como la de hoy por los caminos.

»-Pero dicen que si al encontrar a esas almas en pena se les ofrece una misa…

-comenzó a decir el novio de Gudelia.

»-No hay misa que valga, Andrés -siguió tío Pedro-; ni sirve ocultarse tras un vallado ni meterse tras de las matas. Ellas te ven, hagas lo que hagas y estés donde estés, siempre que sea en su camino. Entonces no hay salvación para ti. La procesión no se detiene nunca, pero el último fantasma de la hilera se acerca a ti, en silencio, te pone una luz en la mano y has de seguir detrás de ellos hasta el amanecer, una noche y otra, por valles y por montes, pasando ríos y bosques, hasta que alguna vez encuentres en el camino otro mortal al que entregar la tea. Sólo entonces quedas libre.

»Las sombras comenzaban a hacer más viva la luz de la hoguera. Un vago malestar se extendió sobre el grupo.

»-Todas las noches -continuó tío Pedro-, el desdichado que encontró la Santa Compaña es llamado irresistiblemente por ella. Sonarán unas campanas que nadie oirá más que él, y un vendaval agitará la casa donde se esconda. Entonces, irresistiblemente, saldrá a incorporarse a la ringlera y a caminar desesperado, lleno de horror con aquella compañía de difuntos, sin poder escapar ni descansar, ni aun desmayarse.

»Parece que tío Pedro contó todo eso aún con más impresionantes palabras y describió minuciosos espantos y fingió él mismo sobrecogerse ante tan tremenda realidad, aunque verdaderamente no sólo se había burlado de las supersticiones aldeanas, sino que su descreimiento se extendía, por desgracia, a más graves asuntos que atañían a la verdadera fe. Pero él pretendía impresionar a sus oyentes, cuya propensión a lo sobrenatural conocía, para conseguir que el novio de Gudelia renunciase aquella noche a ir hasta Vos. El pobre hombre estaba acaso en la lucha entre el amor y el miedo, contemplando el fuego cavilosamente. Los demás mozos sentíanse llenos de un temeroso respeto hacia los enigmas que llenan de pavor la sombra de las noches. El desconocido, más hondas las arrugas de su rostro color de tierra, no podía apartar de tío Pedro los ojos espantados entre el ribete de sangre de los párpados. Cuando los mozos le sirvieron más vino, lo bebió suspirando y sus manos temblaban.

»-¿No podría dormir hoy aquí -pidió-, en cualquier rinconcito?

»Y como el molinero vacilase:

»-¡Hágalo por sus difuntos! -suplicó.

»Le otorgaron permiso. Tío Pedro marchó disimulando su contento, seguro de que Andrés no se atrevería a aventurarse por la lobreguez de las corredoiras, porque los fantasmas del miedo, si no en los caminos de la aldea, estarían ya haciendo la ronda en su propia alma.

»Ya había cerrado la noche y tenía mucho que andar y por malos senderos, pero no era la primera vez que emprendía semejantes paseatas y por devaneos que no le interesaban tanto. No llovía. El viento no dejaba parar a las nubes cargadas de negrura y de agua. Al entrar en los pinares que circundan la aldea de Vos, la noche se hizo más espantosa, porque los pinos silbaban y se entrechocaban como si se estuviesen batiendo. Las pifias verdes, desprendidas, caían y rebotaban en la oscuridad, cerca y lejos, y era allí donde la furia del huracán parecía más enloquecida.

»Nuestro tío don Pedro iba, sin embargo, feliz porque pensaba en tener pronto junto a sí a Gudelia y en reír juntos de la estratagema empleada, aunque no hay que creer que dedicase a reír demasiados minutos al lado de una mujer tan hermosa. Pero de pronto se paró. Acababa de distinguir un resplandor que se acercaba desde lo profundo del bosque. Y aquel resplandor fue avanzando, avanzando, y tío Pedro pudo ver una hilera de espectros envueltos en blancos sudarios para los que no parecía existir el viento, porque caían en blandos pliegues que sólo alteraba el andar. Cada fantasma llevaba en su diestra una antorcha encendida, y al moverse entre los pinos, la larga sombra de los troncos giraba y se extendía como si quisiese huir.

»Pasaron tan próximos a él, que tío Pedro pudo ver, a la luz que portaban, la calavera de cada aparecido, alguna podrida ya por la humedad de la tumba, otras con los dientes mellados en la amplia hendidura, y las cuencas llenas de sombra y de tierra, que parecían ver con ojos que ya no existían. Pero ninguno miró hacia él. Las antorchas avivaban su llama con el vendaval y semejaban ligarlos a todos con una cadena ininterrumpida de humo. Iban a distancia igual, uno detrás de otro, y no había obstáculo que los desviase. Don Pedro se dio cuenta de que no era una alucinación provocada por sus historias de miedo en el molino. Parece que pensó, aterrado, en que jugara, sin saberlo, con la verdad. En esto, el último fantasma separóse de sus tétricos compañeros para acercarse a él y le ofreció su tea encendida. Con más horror que si tuviese ante sí un esqueleto, don Pedro vio el rostro humano color de tierra, inmensamente fatigado, y los ojos vivos, llenos de espanto entre los párpados sanguinolentos, del desconocido viajero del molino.

»Una fuerza sobrenatural le hizo coger la antorcha y le arrastró hacia la caravana de las almas en pena, ocupando en la Santa Compaña el lugar del labriego. Lo último que oyó fue un suspiro profundo, como si un alma vaciase en la noche todo el horror que pudiese causarle una visita al infierno».

-¡Oh, tía Emilia -exclamó Rosina-, si recuerdo después esta historia, no podré dormirme! Pero te agradezco que me la hayas contado a la luz del sol.

-Se supo -prosiguió doña Emilia- que el desconocido venía huyendo de su tierra por creer que así podría escapar a la Santa Compaña en la que había caído, pero no sabía que en tales casos es inútil hasta el atravesar los mares más anchos, y no quedó libre sino en el momento en que pudo poner en otra mano la luz que llevaba en la procesión de las ánimas. Como le sucedió a tío Pedro. Cada noche sonaban las campanas de la parroquia, aunque nadie más que él las oía, y una larga ráfaga pasaba rozando las ventanas del pazo. Era la señal, y tío Pedro se lanzaba a la noche, como un hipnotizado, sin que ninguna precaución pudiese evitarlo. Hizo cerrar por fuera la puerta y la ventana de su dormitorio, que era el cuarto más alto de la torre, y no obstante, salió, sin saber él ni nadie por dónde. Si sus noches eran demoníacas, imaginaos cómo eran sus días, pasados en la angustiosa espera de aquel inesquivable tormento. Casi un mes vivió así. Al fin, un día se sintió inexplicablemente más tranquilo, y aquella noche no sonaron para él las campanas de la señal. Comprendió que había dejado ya un desdichado sucesor en la Santa Compaña, sin que pudiese saber cómo ni a quién, porque los que van en ese peregrinaje macabro no se acuerdan de nada después y sólo conservan el malestar de una pesadilla.

»Desde entonces cobró horror a la oscuridad y no salió del pazo en cuanto el sol no alumbraba, en los pocos meses que aún vivió. Toda su existencia se concentró en el amor a Gudelia. La llamaba, como nos contó Manuel, y ella venía y pasaba las noches en la torre. Luego pareció abandonarla, porque Manuel y sus demás "escuderos" ya no recibieron orden de escoltarla hasta el pazo ni de llevarle avisos. Y sin embargo -y esto es lo curioso-, siguieron sonando todas las noches la voz y la risa de Gudelia dentro de la habitación de tío Pedro. Los criados le sentían pasear hasta muy tarde, y entonces abría una ventana y se le oía gritar: "¡Gudelia! ¡Gudelia!

¡Gudelia!"

»Hasta tres veces. Y no tardaba, después, en sonar la voz de la moza en la torre. Algo había de infernal en aquella mujer. El perfume de su piel, que es el atractivo que pone Satanás en los pecados; su belleza, el maleficio sobre los que se enamoraban de ella... (cinco novios tuvo y los cinco murieron extrañamente y sin confesión), su misma sabiduría amorosa... Tío Pedro le dijo al señorín de Cela, que le reprochaba sus relaciones con una aldeana: "Ni las mujeres de Roma ni las de

París conocen caricias como sus caricias: nadie sabe amar como ella."

Después de la muerte de tío Pedro se marchó, pero aún hay gente que jura verla alguna vez aparecer y desaparecer entre los pinares de Vos o entre los árboles de la fraga, tan joven y tan bella como era entonces, con el cuerpo desnudo».

-¡Desnuda! -se escandalizó Rosina.

-¡Historias de tu tía! -desdeñó la señora D'Abondo.

-¿Historias? -saltó Emilia, irritada siempre contra la sequedad de su cuñada-. Pues yo hablé una vez de esa «historia» con el señor arcipreste y me dijo que hay entes infernales llamados 'súcubus' y que, en otros tiempos, la Inquisición tuvo que condenar a hombres que habían confesado trato con ellos.

-¿Estudias, Javier? -gritó la señora D'Abondo, incapaz de luchar contra el arcipreste.

-Sí, mamá; estudio -contestó el vástago, después de abandonar apresuradamente la puerta para que su voz llegase de más lejos.

Y se inclinó sobre el libro «Metonimia es la traslación del sentido recto al figurado en virtud de...»

Pero aquellas palabras abominables no tenían poder sobre él. Algo más tarde vio a su prima en el jardín y bajó a buscarla. Ella elegía flores para la mesa y el adolescente le rodeó el talle con el brazo. El calor de la carne joven y dura le pasó a través de su ropa. Apretó con más fuerza, irreflexivamente, y ella apenas podía andar.

-¡No seas pegajoso, Javier! ¡Suéltame! Entonces él pidió:

-Déjame besar la medallita.

Se la alargó a la breve distancia de la cadena, y él posó sus labios sobre el oro y cerró los ojos, con toda el alma en turbación. Al separarse, no supo qué decir. Sentía un acuciador deseo de hacer algún gran sacrificio por la prima Rosina, de ofrecerle lo que hubiese de más preciado para él. Pero nada tenía. De repente dijo, con tono misterioso, los ojos brillantes:

-Ven. Voy a enseñarte mi escondrijo.

-¿Qué es eso?

-Un lugar que nadie conoce, casi encantado.

-¿Casi encantado? -rió ella.

-Sí. No lo sabe nadie, y tú no se lo dirás a nadie tampoco. Si te gusta mucho, te dejaré venir.

-¿Y es muy bonito?

-Es lo más bonito.

-Veamos ese misterio.

Él la llevó por el huerto hasta la puertecilla pintada de azul que había en el muro, por la que se salía a la fraga.

-Pero ¡es muy lejos! -protestó Rosina.

-Es aquí mismo. Ven.

Volvió a cerrar la puerta tras de ellos. La masa del follaje, a unos cuantos pasos, barajaba sus verdes de matices múltiples. La fina brisa aromada de abril acariciaba la juventud cíe las hojas. Entre la fraga y el muro se extendía un viejo tojal, alto, tan alto como un hombre encima de otro hombre, de malas tan apretadas que un cachorro no podría penetrar entre sus fuertes tallos en ningún punto de su extensión, El tojal era una amplia masa de oro pálido, porque desde mediados de marzo estaba en flor. Javier separó en determinado lugar las largas ramas espinosas y descubrió un senderillo donde apenas podía andarse asentando un pie en línea con el otro.

-Sígueme -invitó.

Rosina fue tras él, protestando porque las espinas le pinchaban los brazos o le retenían la ropa. A veces daba gritos o insultaba a su primo por haberla metido en aquella maraña torturadora. Al fin dijo Javier:

-Es aquí.

Estaban en el centro del tojal y una roca plana que emergía del suelo contenía en su torno el avance de la maleza y era como un islote rodeado por la alta muralla de espinas. Los seres más tímidos y los más perseguidos de la fraga vivían allí. Entraban por galerías minúsculas que trazan laberintos complicadísimos, y cuando se reunían en la roca pelada que apenas aflora de la tierra, gozaban sin sobresaltos del sol. Sólo las aves lograrían verlos. Los lindes del tojal son las fronteras del peligro. Del lado de allá, muchas veces, se asoman mil animalillos a contemplar el paso del labriego que guía su yunta o el de la anciana que busca ramas secas, tan cerca de ellos, que los pueden ver y oír a su sabor sin que el corazón se sobresalte en sus cuerpecillos. Todos guardan entonces un silencio profundo. Oyen y ven, y a veces se ríen ahogadamente de nosotros.

-¿Y qué hay aquí? -preguntó Rosina mirando alrededor.

En pie sobre la amplia roca gris, Javier resplandecía de contento.

-Hay esto: un sitio para estar solo, sin que nadie me pueda encontrar, porque ese caminito lo hice yo y se disimula cruzando las ramas. Si quiero, también puedo esconder aquí cosas.

-¿Qué cosas?

-Cosas... Cuando fume, guardaré aquí el tabaco y todo. ¿No te gusta?

-Sí.

—Es mi casa —dijo él con orgullo—. Pero no debes descubrírsela a ninguna persona. Siéntate. Ahora nadie sabe dónde estamos tú y yo.

Esta idea le produjo una rara sensación placentera. Se tendió sobre la roca y se sintió feliz. Tenía así como la borrosa impresión de que la presencia de su prima creaba allí una especie de complicidad deleitosa en algo que, a pesar de su esfuerzo en discriminarlo, se presentaba indeciso. Él no podía explicarlo mejor porque todas sus emociones de aquel día eran inefables.

—Siéntate.

Rosina miraba las breves flores de oro, abundantes en las leves ramas, como clavadas en las espinas de un color verde oscuro. El atractivo de esa soledad especialmente sugeridora que vive en los bosques penetró en su alma. Apoyó su mano en la cabeza del adolescente, en una disfrazada caricia, y fue a sentarse. Pero en aquel instante se oyó un leve ruidillo en el tojal.

—¡Lagartijas! —gritó ella—. ¡Hay lagartijas! Y huyó.

—¡Rosina! —llamó él.

La joven se abría paso entre las ramas de tojo. Y las ramas de tojo se iban cruzando detrás. Se vio entre ellas su figura blanca del traje, ya lejos; luego se perdió y el tojal volvió a su unánime color verde y color oro.

Javier, tendido de espaldas, miró el cielo. Era todo azul, todo azul, pero de sur a norte había unas pequeñas nubes nítidas, aisladas, como huellas de unos pies que hubiesen recorrido el firmamento desde el mediodía al septentrión. La primavera había caminado sin duda por aquella llanura de cristal de turquesa y aún se conocían sus pisadas. El milano hacía temblar sus alas, fijo en la altura, como si lo hubiese clavado allí una flecha del joven sol de abril, de un amarillo como el de la flor del tojo. Javier cerró sus párpados y vio la boca de su prima con el gesto de mimo que ponía en ella la presión de la almohada. Y cuando los volvió a cerrar otra vez, vio el hombro desnudo y, en seguida, la medallita que colgaba del cuello entre la carne olorosa. Después no pensó más. Quedóse en una pereza profunda y extraña, en la que su alma y su cuerpo parecían desleírse placenteramente.

Y estando así fue cuando llegó a él el suave perfume cálido y meloso de los tojales en flor, el de la fraga y el de la aldea entera, que cargaban el aire con su esencia.

La memoria de Javier corrió tras un recuerdo. ¿Qué cuerpo humano olía así…? Un olor dulce como el de la miel, caliente como el de la piel… ¡Gudelia…! La mujer hermosa cuyas caricias costaban la vida… ¿Qué secreto sería el de sus caricias…? La mujer que acudía por hechizo a las llamadas de aquel caballero enamorado… ¿Le habría dado muerte, quizá…? La mujer que aún se paseaba alguna vez, joven y desnuda, furtiva como una ilusión, entre los arbustos de la fraga…

El adolescente se puso en pie en la roca, en el centro de aquel vaso de oro que era el claro del tojal florido. Tenía el pelo alborotado aún por la mano femenina, y el vientecillo que traía el aroma embrujado le hacía temblar.

Abrió los brazos -toda la cara en ansia- y llamó con voz que él creyó un grito, pero que fue un susurro de miedo y de esperanza a la vez:

-¡Gudelia…! ¡Gudelia…!

Estancia XI: Luna Clara

-Ya es la hora -dijo Abrenoite, desprendiéndose de su asidero en el oscuro rincón.

Revoloteó un momento por el desván hasta que todos los ratones se enteraron.

-Ya es la hora. Ya es la hora.

Luego salió por el alero del pazo y cobijó con su vuelo incierto la tierra. Sus alas parpadeaban rápidamente en la luz todavía gris de la tarde que se acababa, que se había acabado ya, porque la leve claridad que se iba extinguiendo era como el sonido que aún queda en el aire cuando ya la campana está inmóvil; algo desprendido de su causa, que parece vivir por sí mismo y que languidece tan suavemente que nadie puede decir cuál es su último segundo. Acaso el fulgor o la nota se sepan tan bellos que se resistan a morir y crean que hay bastante fuerza en su propio encanto para sostenerlos. Es posible también que cuando nos muramos siga habiendo en el alma, por algunos segundos, la impresión de que no ha terminado nuestra vida.

Abrenoite subía, bajaba, torcía, quebraba, se alejaba, volvía…; el gráfico de su vuelo sería una maraña en el aire. ¡Oh, tenía que darse mucha prisa! ¡Son tantos los seres a los que hay que advertir que la noche llega! Abrenoite y el gallo se reparten los crepúsculos. Uno tiene la llave del ocaso, y otro la del alba, y cada cual viste el traje adecuado para sus funciones; en las plumas del gallo está el iris, y cuando alborota las que rodean su cuello, la roja cresta queda como el fuego del sol entre una aureola de rayos rubios; el oscuro murciélago lleva sus alas como una capa, como ese abierto manto de la noche que tanto solían citar los poetas antiguos, y es silencioso como la misma noche, y sus orejas desproporcionadas aluden a la atención recelosa con que se escuchan los rumores en las tinieblas, a la cautela con que en ellas proceden los enemigos, al sentido bajo cuyo amparo nos ponemos cuando, ido el sol, es inútil abrir los espantosos ojos para saber por dónde se acercan el peligro o la muerte.

Como un avisador recorre el laberinto de un escenario gritando: «¡va a empezar!», Abrenoite se afana sobre los caminos y los sembrados, sobre el monte y sobre el valle, sobre la fraga y sobre el río, para dar a entender:

-¡Ya es la hora! ¡La noche llega! ¡Ya es la hora!

Y poco después, las falanges de trabajadores nocturnos que parecen estar apercibidas en la boca de todos los agujeros que criban la tierra, salen a comenzar su labor. El berbiquí de la polilla se deja oír en las vigas; Hu-Hu y sus innumerables compañeras del Pueblo Pardo fijan las ventosas de sus patitas en las paredes y en el techo para dormir, concediendo un respiro a la creación; las arañas emprenden viajes misteriosos, cuyo principal objetivo parece ser asustar a las niñas presentándose insospechadamente sobre la blancura de una almohada o de una pared; los hombres deshacen el nudo de la cuerda que retiene a sus carnes; las babosas arrastran su viscosidad por los tallos para devorar las hojas -¡cómo gritarían las flores, si tuviesen voz, cuando en la noche las asaltan esas legiones de pequeñas, blandas y frías encarnaciones de lo repugnante!; ninguna pesadilla humana iguala a ese horror

-; las luciérnagas encienden su linternita entre las zarzas, y los ratones diseminan sus ejércitos y aguardan impacientemente en las salidas de sus pasadillos a que las cocinas se vacíen de gente para corretear por ellas husmeándolo y mordiéndolo todo, saltando de las cazuelas al banco y del banco al suelo y del suelo a la artesa, excitados por el olor de la harina encerrada y del tocino colgado y de tantos bienes que sólo pueden alcanzar pensando más que un ingeniero y trabajando tanto como un esclavo de los faraones.

Abrenoite iba y volvía:

-¡Ya es la hora! ¡Ya es la hora!

En la cumbre de los montes lejanos pareció encenderse una hoguera; casi en seguida creció como si el fuego hubiese prendido en un bosque, pero pronto se vio que era la luna llena, de un pálido color naranja, que asomaba un rostro ancho y sereno, lenta y prudentemente, corno si quisiera atisbar con un ojo lo que pasaba antes de lanzarse a hacer por el cielo su ronda de melancolía. Un pino quedó inscrito en negro sobre el disco brillante.

Y aún no habría recorrido la luna en la limpia atmósfera el espacio que tapan dos dedos puestos a un palmo de los ojos, cuando cuatro seres salieron también a aventurarse en la noche: el zorro, el gato del pazo, el perro de los Esmorís y Marica da Fame. De todos ellos sólo había uno al que no empujase el hambre: el gato.

El gato es el más romántico de los animales; su alianza con el hombre está hecha tan sólo para poder ensoñar con comodidad, libre de los absorbentes cuidados de ganar la vida y de defenderla. El perro da, en cambio, su trabajo y se muestra siempre dispuesto a él, con celo impaciente. El gato no. Si coge algún ratón, es porque le distraen las peripecias de la caza; pero a veces, cuando está sumido en fantasías cautivadoras, los deja pasar a su lado sin molestarse en entreabrir los párpados. No admite dueños, sino anfitriones, y por eso no sirve, sino que se deja servir. Tan seguro está de sus propias perfecciones, de la belleza de su piel, de la elegancia de todas sus actitudes, que entiende pagar la máxima merced con su presencia; sabe que embellece un hogar y que nunca, ocurra lo que ocurra, ni en el abandono del sueño ni en la imprevisión de una caída, desagradará con una postura ridícula a quien lo mire.

Después, lo que le importa es soñar. Enroscado junto al fuego, o sobre el más mullido mueble de la casa, o inmóvil en el alféizar de una ventana para dejarse ver - más que para ver- del mundo exterior, imagina estupendas historias y no gusta de que alguien le estorbe. Cuando todos duermen y son tan densas las sombras que a un hombre le parece tropezar en ellas, sentirlas como cuajadas a su alrededor, el gato gusta de recorrer con sus leves pies de terciopelo los rincones que el misterio de la noche transforma. Pero es la luna la que ejerce sobre él un poder más irresistible. Siempre conoce él una rendija por donde deslizar su flexible cuerpo y salir, cuando la luna alumbra líricamente el mundo. Bajo la luz de la luna le place amar y aventurarse en excursiones cuyo objeto nadie conoce más que él, y mirar todas las cosas maravillosas que ocurren en un bosque en una noche lunada.

El bosque era entonces como un palacio fantástico, de mágica fastuosidad. La luz prodigiosa lo penetraba casi horizontalmente, y mientras quedaba en sombra el follaje, como una desigual techumbre alicatada, los troncos se hacían visibles y aparecían como millares de columnas cuyas sombras paralelas rayaban el suelo. Y en el suelo, la tierra elástica que cedía y se recuperaba bajo los pies, era una alfombra de un solo color. Todo lo feo y todo lo pobre desapareció. No se veían hojas muertas ni ramas podridas ni barro, y hasta el agua turbia que se conservaba en las profundas huellas de los carros se convirtió en lingotes de plata. Si se miraba al cielo a través de una enramada, era un encaje negro sobre un fondo de tisú lo que admiraban los ojos, y así, hasta las marañas de zarza con sus ásperas hojas tenían, a contraluz, la dignidad de lo bello. El ramaje húmedo se había hecho de plata también, y los troncos de los abedules, y en el lento río las redes de la fantasía podían lograr una inagotable pesca de inquietos peces argentinos. Era la luna como un Midas al que no una maldición, sino un hado amable, hubiese dado su poder.

Los senderos de la fraga quedaron borrados y todo pareció en ella haber cambiado de forma y de lugar, desorientadoramente. Diríase que esperaba una visita sobrenatural y que se había metamorfoseado para ella. La tierra permanecía estática, y en el corazón de los hombres que se bañaban en aquella luz casi milagrosa nacían la calma y la bondad.

El perro de los Esmorís, flaco, con la piel blanca y rubia pegada a los huesos y la ancha cabeza inclinada hacia el suelo, atravesó la fraga para husmear la aldea en busca de despojos. Tenía huellas de pedradas y de mordiscos en el largo cuerpo miserable; su sombra, tendida a su lado, le acompañaba como otro perro hambriento.

En el más áspero lugar de la fraga se encontró con el zorro.

El zorro dio un brinco, subió -arañando- la vertical pared de la corredoira y se inclinó a mirar desde arriba. Sobre el fondo de la luna se podían contar sus pelos erizados. El can gruñó y le enseñó los colmillos.

-Buenas noches -le saludó con sorna el raposo-. ¿Comienzas tu caza de tarteras vacías?

Ladró el perro. El raposo se sentó descuidadamente.

-¡Cuánto mejor sería no armar escándalo! -dijo-. Sabes muy bien que no puedes subir hasta aquí, aunque estuvieses más fuerte. ¿Por qué no hemos de aprovechar la ocasión para charlar tranquilamente? Hace tiempo que pienso en hablarte.

-¡Hablar contigo! -se admiró el can.

-Estás muy delgado, querido, muy delgado. Y es porque quieres. Te he visto muchas noches ir de casa en casa lamiendo las cazuelas desportilladas donde estuvo la comida de las gallinas y quebrándote los dientes contra huesos que apenas valían más que una piedra. Hasta aprovechas las sobras de ese insípido cocido de legumbres que les dan a los cerdos. Vives muy mal, amigo.

-Lo hago más bien para entretenerme -gruñó el can, muy avergonzado.

-Todo el mundo sabe que eres el animal que pasa más hambre de la aldea y que tus amos no te dan más que un poco de caldo agrio al mediodía. ¡Un perro que come berzas! Apenas se puede creer.

-Aún ayer me dieron los despojos de una docena de sardinas.

-Ya lo sé. Infestaste la fraga al pasar. Se te seguiría fácilmente el rastro a una legua sin oler el suelo. ¿Por qué no quieres salir de tanta miseria? Yo había pensado para ti...

Movió el pomposo rabo rojizo mientras sostuvo una pausa para avivar la atención de su enemigo.

-Yo había pensado que podíamos llegar a ser buenos camaradas. ¿Qué mal te hago yo? ¿Imaginas cuánto conseguiríamos si cazásemos juntos? Nosotros unidos lograríamos..., ¡qué sé yo...!, un banquete diario. Tú no despiertas recelos; te guiaría hasta donde se guardan las más gordas gallinas de la comarca; tú irías delante, porque tus compañeros no te atacarían y... también por si existiesen cepos. Porque aunque tú cayeses en uno, te libertarían, mientras que a mí...

-Yo no robo.

-Todas las preocupaciones de los hombres se te han contagiado. ¡Qué porquería! Yo tampoco robo. ¿Es que los hombres inventaron las gallinas? Las gallinas ahí están y son de todos: tuyas y mías y del milano... Resulta extraordinario que el hombre me denueste precisamente por lo único en que me parezco a él: porque me gustan las gallinas. Él las come, yo también las como. ¿Qué tiene que reprocharme? Sólo nos diferencia que él las pone en pepitoria y yo no. ¿Pero esto vale la pena?

-Él las alimenta.

-Él las explota. Como a ti. Ensayemos a asociarnos y verás cómo se rellenan tus pellejos. A vosotros os desprecian los hombres. A nosotros nos odian, y odiar es reconocer importancia. Cuando morís, vais al muladar. Pero cuando algún cazador logra triunfar de nuestros ardides, pasea orgullosamente el cadáver por toda la parroquia, y la gente le premia con huevos y mazorcas y dinero, como se premia al que consiguió vencer a un enemigo considerable. Los hombres me citan en sus cuentos y reconocen mi astucia, que es una forma de la sabiduría. Yo soy más que tú, y puedo ser un magnífico aliado.

-Hay algo que no conocerás nunca -respondió pensativamente el perro de los Esmorís-, y es el placer de querer, aunque no nos quieran, y el placer de la lealtad, aunque nos maltraten. No es cosa que se pague más que dentro de nosotros. Defendemos la casa donde no nos dejan entrar, levantamos la caza que no hemos de comer, guardamos el ganado que otros devoran. Y el premio que pedimos al hombre es que nos deje amarle. Tú no lo sabes, pero es la mayor recompensa apetecible, porque amar a alguien, reconocer su excelencia, es acercarse un poco a él. Y el hombre es portentoso. Es un dios.

Se oía lejos, allá y acullá, a los canes de la aldea aullando a la luna.

-Mi amo no me alimenta y me aparta de él con la punta de su zueco. Pero alguna vez, cuando fuma cerca del fuego, pasa su mano por mi lomo o me acaricia la cabeza. Y yo te digo que toda la vida del más afortunado de vosotros, los animales libres en la fraga, no vale lo que ese momento.

Una de las paredes de la corredoira quedaba en penumbra azul; en la otra, sobre la tierra arcillosa, se dibujaban las sombras del raposo y de la malla caprichosa de las hierbas. El perro de los Esmorís gruñó de nuevo, antes de reanudar su trotecillo:

-Me voy porque perdería mi reputación si me viesen parlamentando contigo. He pasado un mal rato oyéndote, pero esta noche me desquitaré aullando a la luna. Es una hermosa noche para aullar. Tengo la garganta llena de aullidos y sólo espero a comer algo para darles salida.

Marchó. Y aún tuvo otro encuentro, pero se deslizó silenciosamente para rehuirlo. Era Marica, que abandonaba su choza más temprano que otras noches en que el hambre la empujaba a buscar las manzanas o las castañas caídas de las ramas, o a hurtar en las eras patatas o coles o mazorcas de maíz. Su hijo Fuco había traído algunos céntimos obtenidos de los productos de su mina de carbón, y con ellos compró en la tienda tocino rancio para dar al caldo sustancia, y aceite de sardinas para encender el candil -tanto tiempo apagado- que ahora humeaba pestíferamente en la casucha.

Todo el día había estado ensimismada, atenta al trajín de una idea que correteaba por su cerebro como un ratón por un desván.

Aquella mañana la campana de la iglesia envió sus sonidos al bosque. Desde el húmedo y sombrío rincón donde Marica vivía, escuchar la campana era más impresionante que desde cualquiera de las dispersas casas que salpicaban el constante verdor de la parroquia. Los sones dulcificados atravesaban la fraga ligeros y seguros para llegar inexorablemente a donde debían llegar. Se diría que desde el campanario, a cada señal que el badajo daba con su metálico dedo cabezudo, partían tropeles de heraldos mágicamente rápidos, infatigables y destemidos, que no se dejaban detener por nadie ni por nada y que tenían el conminatorio acento de quien sirve a un alto señor.

El bosque estaba desierto y Marica en soledad. De pronto, al través de troncos y de ramas, venían los sonidos desde un punto invisible y llamaban a su puerta o entraban por las mismas paredes de amontonados pedruscos, y daban la orden, la noticia o el consejo, y se iban. En todas las direcciones de la rosa de los vientos los heraldos entraban en todas las casas y hablaban con todos los hombres de las eras, de las fragas y de los caminos. Parecía, en verdad, que eran seres vivos, recaderos animados, y hasta -por esa relación inexplicable que a veces establecemos entre ciertas notas y ciertos colores- se podría decir el tono de sus dalmáticas. Había unos que mandaban:

-¡Descansad, es el mediodía! Y vestían de oro.

Había otros que anunciaban:

-¡Alguien murió entre vosotros! Y vestían de negro y de blanco. Había otros sones que aconsejaban:

-¡Terminó vuestra jornada, venid a rezar! Y vestían de azul.

Heraldos inaprensibles que llenaban de alegría, de angustia o de tranquilidad todo el espacio que hay entre el cielo y la tierra, y que, ya idos, dejaban un temblor de emoción en el aire, en los oídos y en el alma.

A veces, en los días plácidos, se oían a un tiempo las campanas de distintas parroquias, que parecían dialogar vivamente. Y los campesinos le ponían letra a aquella charla porque, oyéndolas, semejaban verdaderamente hablar.

La campana de San Salvador de Cecebre decía:

> ¡Morreu unha vella;
>
> deixou unha manta!

La de Pravio proponía jubilosa:

¡Repartámola!
¡Repartámola!

Y otra campana más lejana y más grave se oponía con reprochadora voz de bajo:

¡Non…! ¡Non…! ¡Non…![7]

Aquella mañana, los sones que llegaron a la choza de la madre de Pilara iban vestidos de negro y de blanco. Marica da Fame escuchó atentamente. Aún siguió en su quehacer, pero una creciente preocupación le ganaba el ánimo y cambiaba la expresión de su rostro, afilado por los forzosos ayunos. Dos días hacía ya que no abandonaba la casucha de la fraga, ni aun para su merodeo nocturno, porque la luna podía delatarla, y tenía tan pocas noticias de la aldea como si viviese a cien kilómetros de allí. Seguía oyendo la campana, y su inquietud fue tan grande que abandonó la faena y salió.

Se detuvo en la linde del bosque, en pie sobre un caballón de tierra, para otear las aldeas. Su figura enlutada y delgada, inmóvil contra el apretado fondo de árboles, rimaba fúnebremente con el toque mortuorio.

Una mujer trabajaba en una era próxima. Le gritó Marica:

-¿Quién murió?

La mujer no lo sabía.

-¿Habrá sido la Moucha? -volvió a inquirir Marica con un ansia en la voz. Y otra mujeruca que pasaba apurando el andar de unos bueyes intervino:

-Fue el viejo Gervasio el de Quintan, que van a enterrarlo ahora.

Marica suspiró. Persignóse y comenzó a rezar un padrenuestro un poco maquinalmente, porque otra idea se mezclaba a la de la piedad y sus ojos vagaban por el paisaje en que el sol amarillo del otoño alumbraba los verdes ya intensos de los prados y las negras tierras aradas para el trigo y el ocre en que ya empezaban a morir las hojas de los castaños. Vio alejarse a la mujeruca con los bueyes bermejos, vio desembocar un carro chirriante por una corredoira lejana y vio avanzar por un sendero, hacia la casa de Juanita Arruallo, una inmensa montaña de hierba recién segada, sostenida en el cesto de mimbres trenzados bajo el cual, aplastada, invisible, más desproporcionada a la carga que un atlante a la suya, movía su hija Pilara las desnudas piernecitas morenas.

En Quintan, oculto para Marica tras bosquecillos de robles, el féretro del viejo Gervasio salía entonces de la casa de piedras oscuras donde aquella noche, en la velada fúnebre, el café con aguardiente y el ansia de vivir que subconscientemente se activa con la presencia de la muerte, habían llevado hasta la frontera del retozo a las mozas y los galanes congregados en la casa mortuoria. Pero el viejo Gervasio había hecho lo mismo en la morada de otros difuntos.

Seis vecinos cargaron sobre sus hombros el ataúd y en aquel instante se iniciaron las recomendaciones y los lamentos. Según antigua costumbre del campo gallego, cada cual daba al muerto recados para el otro mundo o le recordaba episodios vividos en común o le expresaba su cariño. Para esta vieja raza celta, inmemorialmente espiritualista, el alma del que se va está aún allí, entre ellos, escuchándolos con la tristeza de la separación, anotando en su memoria turbada los encargos de los que se quedan, murmurando un «¡adiós, adiós!», que cada uno oye dentro de sí como una respuesta. No hay nada de risible, sino de conmovedor, en estas despedidas, en las que el candor del pueblo da un acento especial a su idea de que la muerte no es desaparecer, sino ausentarse.

La viuda del anciano fue la que empezó. Estaba asomada a una ventana y en el marco del pañuelo negro destacaban sus ojos enrojecidos.

-¡Adiós, mi marido; adiós, mi buen hombre! ¡Ahí se van cuarenta años de casada! ¡Ya no volveré a esperarte levantada hasta la alta noche como cuando volvías de las ferias! ¡Ya no tengo quien vaya a discutir con los amos el pago de las rentas!

Otra mujer gritaba, entre lágrimas:

-¡Cuando veas en el cielo a mi padre, dile que Tomás volvió de América y que compramos la era de junto a casa!

Los hombres descubiertos y las mujeres con pañuelo y mantón echaron a andar detrás del féretro. Y el cura, tropezando en las piedras, rezaba en voz alta.

Desde el promontorio en que se había encaramado, Marica posó su mirada en la casita blanca de la Moucha. El rojo tejado de cuatro vertientes, con su columnita de humo, fina y azul, como una pluma en el capacete de un paje; las dos ventanas pintadas de verde, como ojos abiertos en una cara gordiflona... Marica la contempló largamente. Pensó que debía de haber alguien allí preparando la comida de la meiga o atendiendo al ganado... Entonces regresó tan pensativamente como había ido.

Pasó la tarde apoyada, como en un balcón, en la media puerta cerrada de su choza, ante el limitado panorama de la maleza y de los árboles que la encerraban. Cuando el aire se hizo frío,

Marica fue a sentarse ante el fuego, en un tocón de árbol sin desbastar que servía de escabel. Estaba habituada a su aislamiento y no sentía ya necesidad de hablar con nadie. Fuco llegó al anochecer. Comieron junto al lar, sosteniendo las escudillas de caldo de coles en sus manos, y el chiquillo se tendió en su yacija. Entonces, Marica salió.

Su sombra no era tan negra como ella misma; la luna baja le daba de lleno en el rostro y ella lo inclinaba para ver mejor, ajena a todas las magnificencias y a todos los cambios que se habían producido en el bosque al penetrarlo la hechicería de aquella luz. Cuando salió de entre los árboles pudo ver hasta muy lejos las diseminadas casitas con sus luces encendidas y un fantasma de humo saliendo de cada chimenea en la calma otoñal. La fachada del pazo, opuesta a la luna, aparecía negra, y sus miradores, iluminados desde el interior, le daban el aspecto ennoblecido de un castillo en fiestas. Porque a todo dispensaba la luna alguna merced y hacía lo feo bello y lo bello magnífico.

Marica da Fame llegó a la casa de la Moucha y empujó la puerta.

-¡Santas noches nos dé Dios!

La hermana de la bruja, que había venido a cuidarla desde que su mal la clavó en el lecho, se asomó al pasillo y autorizó a entrar a la visitante.

-¿Y luego? ¿Cómo está?

-Mal, mal -le confió la otra en un murmullo.

Pasó hasta la alcoba y se inmovilizó con las manos cruzadas sobre el delantal.

Bajo las ropas de la cama, el abultado cuerpo de la Moucha se revolvió trabajosamente hacia ella. La luz llegaba desde la cocina cercana y el rostro de la enferma aparecía con surcos y cuevas como si la Muerte se hubiese llevado ya de él algunos bocados.

-¿Y luego? -repitió Marica-. ¿Cómo estás?

-¡Ay! -habló la doliente con voz entrecortada-. Tengo un perro en el estómago que no me deja descansar... ¡Día y noche, Señor, día y noche!

-¡Jesús! ¡Jesús!

La hermana de la Moucha acercó una silla hasta la cama y Marica se sentó.

-Pues hace una semana que me enteré de que estabas así y hoy me dije: voy a ver cómo sigue, que es un deber de cristianos, y yo a ti siempre te quise bien, que ya lo sabes.

-Sí, mujer. Gracias, mujer.

-Esto es que el Señor se acuerda de ti. Cuando sufrimos, el Señor se acuerda de nosotros y nos da ocasión de purificarnos.

-¡Todo sea por Él! -gimió la enferma.

La hermana se marchó hacia el establo. Quedaron solas. Marica miró rápidamente hacia atrás y vio la cocina desierta. Entonces algo cambió en ella, y una nerviosidad le hizo frotar las manos; su voz tornose más apagada y cambió su tono para decir:

-No te encuentro nada bien, Moucha; quiero confesarte la verdad. El médico ha contado que eso que tienes no se cura; me lo dijeron en la tienda del apeadero y está corrido por toda la aldea. Cuando llega nuestra hora nada podemos hacer por retrasarla.

La Moucha fijó en ella una mirada asustada y ella bajó la suya hacia las manos cruzadas sobre el delantal. Lentamente, sin contestarle, la enferma volvió a hacer girar su cuerpo hacia la pared. Pareció ser un alivio para la viuda no verle la cara. Se inclinó un poco hacia el lecho y siguió con mayor valentía, pero bajando aún más la voz:

-Si tú vas a morir, Mouchiña, ¡déjame a mí de bruja en la aldea! Esperó un segundo. La enferma, inmóvil, callaba.

-Has vivido muy bien; venían a verte desde Bergondo y desde Cambre; ganabas cuanto quenas. Eso no te lo puedes llevar. Cuando tú mueras nadie se aprovechará ya de ello. ¿Por qué no dejármelo a mí?

Luego, más confidencial, insinuante:

-Mira: me explicarás cómo haces y lo que hay que saber y las palabras que tú dices y eso del libro de San Ciprián... y todo. Yo vendré aquí a oírte y aprender. Aún tienes días por delante. Mal será que... Y el libro me lo das. Y cuando venga a verte la gente, les dices que de meiga quedo yo. Algo malo contra Dios no habrá que hacer, ¿verdad?

Cara al tabique, la Moucha continuaba silenciosa.

-Tú tienes de todo, Moucha; compraste alguna tierra y hay ganado en tu establo; hacías la matanza todos los años y estoy segura de que guardas dinero. Nunca tuve mala envidia de ti. Pero ahora te vas. Tú no sabes lo que es el hambre, Moucha; el hambre de todos los días, el no tener que llevarte a la boca. Algunas veces encuentro un jornal, pero sólo cuando hay mucho trabajo en la aldea. Mis dos hijos, ¡cuitados!, son tan pequeños que no me pueden valer. Si me dejas en tu lugar, aunque no cobre tanto corno tú, tendré dinero y podremos vivir.

Silencio.

-Instrúyeme, Mouchiña. ¿Qué más te da? Si no mueres, no hemos dicho nada y todo sigue lo mismo; si mueres, le haces un bien a tu alma con ayudarme.

Se puso en pie para acercarse más a la cama.

-¿Cómo hay que hacer?... ¡Anda!... Volvió a mirar a la cocina y susurró:

-Si es verdad que hay que ver al diablo..., ¿me oyes?...; si es verdad que hay que ver al diablo, como dicen, y hablar con él..., yo..., por mí...; no vayas a creer que tenga miedo ni que lo vaya contando por ahí adelante. No te ofendas, Mouchiña; pero si es eso, dímelo. Que yo lo hago, mujer, y hasta le diré a todo que sí, que Dios Nuestro Señor bien sabe que no es más que por hambre y para salir de estas penas.

Silencio.

-¡Mouchiña, déjame de meiga, mujer!

En pie junto a la cama alta, de dos colchones, la enlutada cruzaba sus manos sobre el fláccido pecho, tan fuertemente que los dedos terrosos blanqueaban. En su hosca postura, con los ojos abiertos fijos en la pared, la enferma persistía en el terco mutismo.

Cerca del bosque, sobre el mismo caballón desde donde había oteado Marica aquella mañana, el perro de los Esmorís aullaba. Al salir de la fraga vio la luna tan clara, llena y radiante, que sintió más fuerte que su apetito esa incitación del astro nocturno sobre los perros. Sentado sobre la grupa huesosa, estirado el cuello pellejudo hacia el disco mágico, aullaba más y mejor que los otros canes, con un tono lúgubre y lastimero, contando sus hambres, sus golpes, sus vigilias, su esclavitud, su miseria.

Estancia XII: Nocturnidad

El invierno estaba ya tosiendo en el Mesón del Viento.

Porque para entrar en Cecebre el invierno no llega del septentrión, sino que viene del sudeste y primero visita las montañas de Órdenes. Visita las montañas de Órdenes y se pasa unos días en el Mesón del Viento. Desde allí, cuando levanta la cabeza, ya se le pueden ver desde Cecebre sus barbas de nubes, y su aliento frío llega hasta la fraga y hace sonar, con rumor de papeles removidos, las hojas secas que aún no se han desprendido cielos robles.

Luego desciende por los líricos caminos de Abegondo, viejos como la misma raza, tortuosos, abrigados por árboles patriarcales, orlados de zarzas -como el festón de piel de una casaca-, cerrados al tumulto de trenes, autos y diligencias; caminos que se diferencian de todos los caminos en que no están hechos para irse, sino para incitar a quedarse y para los que se han quedado sin pensar en marcharse jamás.

Baja el invierno por ellos y se acerca a Cecebre. Y en el borde del río -cuya piel color de acero se estremece de frialdad- se sienta y abre su ancho zurrón de peregrino.

Primero saca los vientos del sur.

Los vientos del sur son cazadores de nubes; conocen sus guaridas y las obligan a salir, asustadas, y a huir. Se juntan en grandes rebaños pizarrosos y pasan tan compactas que cubren todo el cielo, donde es inútil buscar la mancha pálida del sol. Pasan, lomo contra lomo, abultadas y despavoridas, galopando sobre la tierra con los múltiples millones de sus patitas de agua. Los vientos corren delante y detrás de ellas, con el ardimiento y el júbilo de una abundante cacería, juveniles, incansables, alanceándolas con sus ráfagas, silbadores y excitados. Los altos pinos flexibles sienten entonces la desesperación de haber conservado el ramaje, y baten unos contra otros como si quisieran desprenderse de su oscura y verdosa fronda, que ofrece asidero al vendaval. Y los demás árboles zumban, se encorvan, gimen.

Cansado de ver subir el río, vuelve a meter el invierno la mano en su zurrón y lanza un puñado de verdor a la aldea. Los prados son tan bellos que la vista no se harta de posar en su color; en las cunetas y en los tejados brotan hierbecillas amigas del frío y del agua; en el bosque surge una capa de musgo rizoso y apretado, con visos suaves, como un terciopelo que una mano hubiese acariciado de través, y entre el musgo y entre las ramas secas manchadas de líquenes aparece, casi bruscamente, sin saberse cómo, la más diversa colección de setas: grandes y desmoronadas como trapos sucios; diminutas, finas y blancas, como hechas de porcelana; cóncavas y moradas, como si fuesen copas que aún conservasen algún vino; ocres, imitando la corteza del pan; plateadas, rojas, amarillas; aisladas, salpicando el suelo, o unidas en colonias, que remedan el conjunto de una aldea asiática.

En enero el invierno registra nuevamente su zurrón y esparce flores. Las sencillas prímulas dilatan aquí y allá sus corolas para adornar después en pocos días con su mancha de un amarillo tenue las paredes de las corredoiras; las violetas silvestres tiemblan bajo el viento a la orilla de todos los caminos; los camelios, libres en este clima de cuidados y precauciones de invernadero, dejan caer los pétalos carnosos de sus flores rojas o blancas o jaspeadas, y las mimosas, cuajadas de botones de leve filigrana de oro, embalsaman el aire campesino. Ellas son el adorable perfume del invierno.

Pero aún hay más presentes en el zurrón mágico. Antes de irse, el invierno lo vuelca y lo sacude sobre el campo, y de pronto, la insignificancia de los pavieros y los ciruelos y los albaricoques cae como un abandonado disfraz y se revelan en el paisaje como hitos, colmados de sus delicadas florecillas rosadas o blancas, en las que los futuros sabores duermen aún, complacidos en la delicia de ser color.

En un día de invierno, Fendetestas vio pasar al cura, a caballo, entre los mojados árboles de la fraga, un maletín asegurado sobre el arzón y el paraguas abierto. Los feligreses sabían ya que iba a pasar unas breves vacaciones con su familia de la montaña. Cuando él se ausentaba, su hermano venía de la ciudad porque el ama sentía demasiado miedo si quedaba sola. El hermano era un hombre de traza modesta, cuarentón, dueño de una tiendecita de tejidos. Ignoraba el campo, pero le gustaba hallar algunas veces un pretexto para sumirse en su quietud, y disponía de larga paciencia para escuchar a los labradores que le hablaban de asuntos tan distintos a los que a él le preocupaban habitualmente.

El caballo, pequeño y recio, de un raro color de manzana asada, iba con la cabeza baja, goteando lluvia por la crin. El cura, abstraído, le animaba de cuando en cuando con un chasquear de lengua, más por costumbre que por deseo de que avivase el paso, lo que, por otra parte, sería una ocurrencia inédita tanto en el párroco como en la cabalgadura.

La mirada de Fendetestas le siguió atentamente y aún se quedó oyendo las pisadas del animal hasta que se extinguieron entre los rumores del viento en los pinos. Luego se retiró caviloso a su cueva. Daría cualquier cosa entonces por un paquete de cigarrillos. Estaba seguro de que pensaría más lúcidamente si pudiese fumar.

La ocasión había llegado. Era preciso planear con minuciosidad la empresa para no comprometer el éxito.

Fendetestas tenía estudiadas desde hacía tiempo las posibilidades de entrar en la casa del párroco. Más de una noche salía de la fraga y disfrutaba de una rara sensación paseándose por la aldea, sin el más leve propósito de robar, porque se daba cuenta de que su tranquilidad en el bosque peligraría si él atentaba contra la de los vecinos. Pero de lejos y de cerca había examinado el viejo caserón de piedra que habitaban sucesivamente los párrocos, y no encontraba demasiado difícil allanarlo.

La única barrera, el más fuerte candado que le cerraba aquellas puertas tras las que esperaba encontrar aún no sabía qué, era el mismo cura. Sólo pensar que pudiera encontrarle allí, que fuese sorprendido por él intentando el robo, le llevaba al desistimiento. Porque Fendetestas se preciaba de ser buen cristiano y sentía un respeto temeroso hacia los ministros del Señor, aunque no tuviesen tanta fama de bondad, de caridad y de modestia como aquél.

Estuvo despierto hasta pasada la medianoche, complacido en representarse el futuro. Cuando tuviese el dinero en su poder, subiría al mercancías en la cuesta de Guísame, allí donde los trenes que iban hacia León llevaban casi el paso de un hombre. Después, en alguna parte, sería el dueño de unos ferrados de tierra y de una yunta. Se veía con la aguijada al hombro y la cuerda en la mano delante de dos bueyes gordos, tan altos como él, perezosamente obedientes a su voz, y saltaba de gozo.

Cerca de la una de la madrugada abandonó la cueva. Iba descalzo y llevaba los zuecos colgados del brazo por los cordones, según la manera de viajar de los aldeanos pobres de aquel tiempo. De las ramas caían de vez en vez goterones, pero ya no llovía; era precisa una constante atención para descubrir la vaga claridad del camino, y cuando éste pasaba entre caballones o matorrales, la tierra quedaba toda igual, dudosa, sin senderos, tan negra que parecía el infinito mismo, tan negra que parecía acabarse delante de las pestañas. Porque el alma admitía indiferente las dos contradictorias suposiciones en aquella macicez tenebrosa.

Malvís se hundía en ella placenteramente. Experimentaba la dichosa sensación de ser invisible, que es la máxima apetencia de los enamorados y de los ladrones. Tal era su júbilo, que se portaba como un niño: hacía visajes a las tinieblas; dio unos brincos con los brazos en alto, como si bailase, al pasar frente al pazo, y cuando resbaló en el barro de una charca, se volvió y le escupió. La negrura de la noche embriaga. Cuando se camina entre su espesor hay un cambio en nosotros, tal como si las condiciones de nuestra vida hubiesen cambiado también y nos hallásemos en un mundo distinto. Nuestra alma es porosa a las tinieblas y se deja penetrar por su misterio. Un hombre que se detenga a sentirse en la cerrada oscuridad de una noche en el campo se nota extrañamente fuerte y extrañamente abandonado; el dominio de sus acciones, la potencia de su albedrío, se le antoja multiplicada por mil, y al mismo tiempo advierte, en una confusa sensación de peligro, su debilidad.

Fendetestas pensó también en otras noches ya lejanas en que regresaba de romerías distantes con su mocedad hirviente en el pecho y una rapaza al lado, con las sombras hablando al oído de ella y al oído de él y luego calladas, para empezar a cumplir su promesa de no contárselo a nadie.

Pero Malvís llegó cerca de la casa del párroco y ya no hubo en él ni un aliento ni un latido que no se refiriese a sus propósitos.

Dejó los zuecos al pie de la cerca y la saltó sin dificultad. Avanzó cautelosamente por el huerto y se dirigió a la casa. Su proyecto consistía en llegar al balcón que corría a lo largo de todo el muro, sobresaliendo de él, y trepar por una de las vigas que le servían de soportes en los extremos y en el centro. Después no faltaba sino forzar la puerta o una de las ventanas que daban al balcón para encontrarse en el interior de la vivienda.

Algo inesperado le inmovilizó. Una de las mal encajadas puertas que comunicaban con el huerto dibujaba sus contornos con finas rayas de luz. No pertenecía a la misma casa, sino a un pequeño anejo adosado a una de las fachadas laterales. Pende testas no contaba con que pudiese haber alguien aún levantado a horas en que todos duermen en la aldea, y la complicación imprevista le desconcertó.

Volvió hacia la cerca y estuvo un minuto inmóvil, dispuesto a huir, vacilante.

Hasta él llegaron apagadamente voces cuyo tono normal le devolvió la confianza en la situación. Entonces, cautelosamente, atravesó el sombrío espacio del huerto y se acercó a mirar. La puerta no estaba cerrada por completo: entre ella y el quicio había un espacio de dos o tres dedos, por el que Malvís podía observar perfectamente lo que dentro ocurría.

Miró y vio que era el establo. Como en casi todos los de la aldea, otra puerta lo comunicaba lateralmente con el interior de la vivienda para poder cuidar a las bestias sin salir al exterior durante la noche o en los días demasiados crudos. Una lámpara de acetileno suspendida de un clavo alumbraba con su viva luz el recinto. El vaho caliente y dulzón del establo, tan grato a la pituitaria de un labrador, se escapaba a la noche. Con los zuecos hundidos en el tojo machacado que cubría el suelo, Josefa, el ama del señor cura, atado el pañuelo hasta no dejar ver del pelo gris más que un mechón sobre cada oreja, se ajetreaba en algo. No muy lejos, el hermano del párroco, vestido a medias, en un desarreglo que denunciaba un abandono precipitado del lecho, ofrecía en su actitud y en su ancha cara sencillota los síntomas de una grande perplejidad. El personaje al que a todos los demás estaban referidos era una vaca enorme, de piel a grandes manchas blancas y negras, que parecía llenar el ámbito. En el extremo más alejado del establo, un buey, en pie ante el pesebre, volvía su cabeza hacia la luz, con briznas de hierba en el belfo.

—¡Ay, Señor! ¡Ay, Señor! —suspiraba Josefa. Y el hombre insinuó consternado:

—Creo que debíamos avisar al sacristán.

Pero Josefa murmuró algunas palabras que daban a entender su esperanza de que todo marchase óptimamente y su opinión de que la vaca podía haber esperado muy bien a que estuviese de vuelta el señor cura.

Antes de que el ama hablase, Fendetestas había comprendido que la vaca iba a parir y que aquellos dos seres humanos que la miraban con indecisión y con susto no entendían mucho de lo que era preciso hacer. También comprendió que no podía depararle la casualidad mayores facilidades para sus fines, porque los dos moradores de la casa permanecerían allí mientras durase el trance, y él podía ir y venir y buscar casi libremente a su antojo, con un mínimo inapreciable de riesgo.

Siguió mirando.

«¡Hermoso animal —se decía—, de buena raza! Por el becerro se podrá pedir lo que se quiera, y esta vaca es de las que dan un mar de leche. No sé a cuánto se venderá ahora el cuartillo, pero calculando que sea a real...»

Los minutos pasaban. Fendetestas pensó:

«Esos dos pasmarotes no entienden nada».

Movía la cabeza desaprobadoramente. La vaca exhalaba mugidos dolorosos que apretaban el corazón de Malvís.

Poco después el ladrón ya monologaba en voz como un soplo.

«Pero... ¿qué hacen? ¡Van a dejar que se desgracie ese animal!»

Le parecía que el mugir de la vaca era dirigido a él y que le imploraba: «Tú que sabes..., tú que puedes...» ¡Si él poseyese una bestia como aquélla!... Tal día como ése sería de júbilo en la casa. Y él la trataría como se debe tratar a una pobre vaca en semejante cuidado. Muchas otras veces se había ocupado en las de los demás, cuando andaba de jornalero por las aldeas, y siempre había soñado con ser él el beneficiario del desdoblamiento, con mezcla de codicia y de esa ternura que el campesino siente hacia los animales que le ayudan en su labor.

-¿De qué va a tener miedo, señor? -gruñía ahora Josefa, muy nerviosa-. No sé lo que dirá el señor cura si pasa algo. Acérquese.

-Pero ¿qué hay qué hacer? -exclamaba el comerciante de tejidos en el borde de la desesperación.

-¡Hay que ayudarla!

-Pues a mí me estremece hasta el verla -declaró el buen hombre.

Y algo intentaron que mereció de Fendetestas un taco de desaprobación.

«¡Una judiada, eso es lo que hacen!», susurró, hablando con las sombras. Aún pasaron unos minutos más.

De pronto, con acción impremeditada, empujó la puerta y entró.

-¡No es así! ¿Qué quieren, matar al hijo y a la madre?

Apenas su inesperada voz causó un asomo de sobresalto. Las dos cohibidas personas lo recibieron como un socorro providencial.

-¡Déjenme, déjenme a mí!

Separáronse un poco, avergonzados. Fendetestas comenzó a halagar los oídos de la parturienta con ese mimoso vocabulario con que el aldeano anima a sus bestias. Y asió con sus rudas manos -que hizo suavemente cuidadosas- la parte del becerrillo que ya se había asomado al mundo.

Media hora después daba consejos para que fuesen seguidos en bien del retoño y del árbol. El comerciante, asombrado ante el nuevo ser que ya estaba en pie en el establo, junto a la madre que lo lamía, exclamaba:

-]Lo que hace Dios! ¡Lo que hace Dios! Y después:

-Ha sido una suerte que hubiese pasado usted por el camino. Josefa nunca quiso intervenir en estas cosas; dice que la ponen enferma. Y yo…, figúrese… La verdad es que nadie lo esperaba tan pronto.

Por la puerta abierta entraba el aire húmedo. La blanca luz del acetileno revelaba como rápidas nubecillas el aliento de los hombres y el de las bestias.

-Lo que hay que hacer ahora -explicó Malvís- es una bolsa para colgar al cuello de la vaca. Y hay que meter dentro nueve granos de sal, nueve dientes de ajo y nueve hojas de torvisco.

-¿Para qué?

-Para librarla de los meigallos. ¿No sabe que la leche es muy pegadiza para el mal de ojo? Pues lo es. Y esta vaca tan hermosa tiene que despertar muchas envidias.

-¡Habría que oír al señor cura! -se escandalizó Josefa.

-Pues el señor cura dirá lo que quiera, pero brujas las hay.

-Un cigarrillo -ofreció el comerciante, abriendo su petaca.

-Bueno, señor -aceptó Fendetestas, disimulando hipócritamente su delicia.

Se puso los zuecos algo lejos ya de la casa. Cuando volvía hacia la cueva no sabía si estaba contrariado o contento. Su cigarrillo iba poniendo puntos rojos en la noche, señalando su ruta con jalones más efímeros que las migas de pan de Pulgarcito.

El tabaco era bueno, y... ¿cuánto tiempo hacía que no fumaba?

Estancia XIII: La Lucecita Pálida

Los sabios ignoran cómo y para qué encienden sus lucecitas las luciérnagas; los poetas..., los poetas han dicho muchas tonterías a propósito de esos gusanos; los chiquillos de Cecebre afirman que el vermes luminoso oculto en el zarzal es una viejecita que cuida el fuego de su cena de harina de maíz. Tampoco es verdad. La verdad la sé yo y voy a contárosla. Llueve a torrentes, el viento hace caer la fruta de los manzanos que hay ante mi balcón y en la fraga -sonora como el mar- todos los bichejos se han escondido en sus madrigueras. Las noches así parecen creadas para narrar historias.

Ocurrió, amigos míos, que la luciérnaga, cuando no era más que un gusano tan oscuro y vulgar como cualquier gusano, vio en una mañana de sol la tela sutil de una araña, luciendo con los colores del iris y adornada con unas gotitas de rocío, que fulguraban como polvo de estrellas, y el humilde animalito quedó deslumbrado ante tanta magnificencia. Recogido e inmóvil sobre la hoja de zarza, meditó mucho tiempo.

«La verdad es -se dijo- que todas somos criaturitas de Dios, pero la Naturaleza me ha postergado injustamente. Nadie hay más feo que yo, ni más inútil ni más débil. No soy sino un pobre gusano, y ni en mí ni en mis obras podría encontrarse la menor belleza. Sin embargo, tengo un buen corazón y me gustaría alegrar la vida de los demás, cantando como el ruiseñor o tejiendo telas brillantes como la araña. A la fuerza, algo he debido de hacer o de omitir para que se me haya impuesto este castigo, y bien quisiera saber lo que fue».

Marchó a ver a la araña y le habló así:

-Tú, que tienes ágiles patas y eres fuerte contra tus enemigos y sabes urdir tan hermosos tapices, ¿qué bien has hecho para merecer tanto bien?

La araña nunca había pensado en semejante asunto. Vaciló un instante y respondió:

-No sé... Como no sea que procuro librar a los hombres de las impertinencias de las moscas. Las moscas son pesadísimas y antihigiénicas.

Y se relamió.

Caviló después de oírla el gusano:

-Ciertamente hay que procurar el bien de los demás seres para ganar el amor de la madre Naturaleza.

Y sintió su corazoncito inflamado en caridad. Abandonó la zarza y se marchó peregrinando por el mundo adelante.

Sus afanes crecieron con sus caminatas, porque vio animales más hermosos y más fuertes que él: moscas que parecían tener hecho su cuerpo de un trozo de zafiro o de esmeralda; víboras agudas como puñales y con el color de acero de un puñal; liebres ágiles, de duros dientecillos, y en lo alto, gavilanes de amplias alas y de mirada penetrante. Y la luciérnaga, en su insignificancia, se humillaba ante todos y sentía renovada su ansia de ganar merced.

Un día encontró a un tábano, que reposaba en una ramita de morera, y lo admiró porque podía volar y remontarse, y porque su zumbido rimaba con el sopor y la quietud de las siestas. Y habló con él. El tábano contó que había comido hasta saciarse de un buey desenterrado en el monte por los perros, y que llevaba en su trompa veneno para matar otro buey. Estaba orgulloso de su poderío y confesó que acaso se decidiera a inyectar el carbunco al hombre que guardaba los bueyes para demostrar que era capaz de aniquilarlo.

Entonces la luciérnaga le reprochó con palabras amables, y habló de lo hermosa que es la vida para todos los seres, y de la alegría de templarse al sol y de aspirar _ el aroma del campo y de ver cómo el grano verde de la mora se torna rojo, y negro después; y habló también de la hosca y profunda y fría noche de la muerte y de la horrible inmovilidad de los cuerpos que devoran después las aves carniceras y las alimañas del bosque, y cuyos huesos mondan las voraces hormigas... Muchas cosas dijo, y en todas ellas iba un poco de su buen corazón. Y al fin, el tábano lloró, enternecido, y lavó el carbunco de su trompa en el agua pura de un manantial.

El gusano siguió su ruta, satisfecho de la benéfica tarea, y andando, andando, conoció nuevos animales hermosos: el búfalo imponente, de melenuda giba, y el buitre de calva cabeza que emerge entre la gola de plumas, y el listado tigre, y el león de garras cortantes, y las serpientes de pintada piel y rápidos anillos. Y la luciérnaga se humilló ante ellos y comprendió más intensa y dolorosamente su pequeñez.

Por entonces fue cuando se enamoró de otra luciérnaga. Durante algún tiempo pensó en desistir de sus ansias de perfección y crear una honrada familia en cualquier frondosa mata de la selva, pero le conmovió el dolor de un rival. Otro gusano que amaba a la misma luciérnaga quiso olvidar en la muerte su fracaso. El vermes peregrino lo contuvo.

-Sé bueno con ella -dijo-; yo seré el que se vaya.

-¿Cómo podré pagarte este favor? -le preguntó el rival.

-Poned mi nombre a vuestro primer hijo.

-Así se hará -ofreció el gusano afortunado con tan profunda emoción, que se olvidó de preguntarle cómo se llamaba.

Aquel sacrificio fue muy doloroso para el peregrino y aun le pareció que la herida causada por el renunciamiento en su corazón no curaría nunca; pero se fortaleció pensando que había procurado la ajena felicidad. Se alejó y vio otros países y otros seres. Envidió noblemente, desde los cantiles, los corvos colmillos de las morsas, y la mole ingente de las ballenas, y la blanca piel de los osos del Norte; y consideró en otras tierras las largas patas rojas y la esbelta figura de la garza real.

Y un día le detuvieron unos lamentos angustiosos, y vio cerca de él, tendida sobre las hierbas, un ave herida por la flecha de un cazador.

-Aquí moriré -dijo el ave-, pero no es mi triste suerte lo que más me apena. En ese árbol próximo está mi nido, y en el nido agoniza de hambre mi hijo. He escuchado dos días y dos noches sus pitidos sin poderle valer.

El gusano sintió su alma estremecida por aquella grande aflicción, y habló:

-Nada valgo y en nada me es dado auxiliarte. Una sola cosa puedo hacer. Subiré al árbol y ofreceré mi propio cuerpo a tu hijo.

Y subió.

Asomóse al borde del nido y vio cerca de él un ser pelado y deforme, y un pico negruzco, ávidamente abierto, El gusano cerró los ojos al horror de su destino y murmuró apagadamente:

-Aquí estoy.

Pero el abierto pico no avanzó hacia él. Había muerto ya el polluelo. La luciérnaga bajó del árbol y continuó su caminata.

Al fin llegó al más recóndito lugar de un inmenso bosque, y allí encontró a la madre Naturaleza atareada en la elaboración de grandes cantidades de tintura verde, porque la primavera se aproximaba ya.

La luciérnaga se postró en el polvo, deslumbrada por la esplendidez de la visión, y esperó el permiso para exponer sus cuitas.

-Madre -dijo, cuando le fue otorgado-, lo que tú haces bien hecho está siempre, y yo no soy sino el último de los gusanos. Es tu clemencia y la generosa bondad con que repartes tus gracias las que me animan a venir junto a ti. Madre, los dones que me hiciste son tan escasos que cualquier criatura, aun la menos galana, puede ufanarse de poseer más.

Calló. La diosa, soberbia, ni aun se dignó mirarle.

-Madre -continuó-, desde que abandoné mi zarzal para venir a implorarte se han secado y vuelto a nacer varias veces las hojas de los árboles, y en todo ese tiempo me he dejado guiar como de un lazarillo por mi buen corazón. He limpiado un aguijón de ponzoña, salvé algunas vidas, preferí al bien propio el contento ajeno, ofrecí mi propio cuerpo al último sacrificio. Amé a todos los seres. Hazme una merced de belleza.

Y la diosa siguió con sus grandes ojos misteriosos fijos en el confín.

-Sin embargo -gimió el vermes-, ¿qué ha hecho mejor que yo la araña? Y tú has enseñado a la araña a tejer sus telas sutilísimas.

La madre Naturaleza habló:

-Son trampas mortales.

-Y pusiste marfil en los cuernos del rinoceronte.

-Porque con ellos abre el vientre de sus víctimas.

-Y diste corpulencia a la ballena.

-Porque en cada una de sus comidas perecen millares de seres.

-También has pintado bellamente la piel del tigre.

-Para disimularlo en el cañaveral cuando aguarda a su presa.

-¡Entonces -exclamó el gusano- tú no eres sino una deidad monstruosa, enamorada del mal, que te nutres del sufrimiento y de la muerte de sus propias criaturas y otorgas más a las feroces! El camino del bien pasa muy lejos de tu pecho insensible.

Y volvió a su zarzal. Y en cuanto hubo llegado e hizo su salida nocturna, vio que brotaba de su cuerpo un resplandor pálido, entre verdoso y azul, que hacía de ella un brillante a la luz o un trocito de estrella. Comprendió que la Naturaleza había querido castigar su osadía, haciendo que hasta en las tinieblas se viese su humilde condición de gusano que la delatase a sus enemigos. Pero aun en lo que da como castigo, pone novedad y hermosura la Naturaleza. Desde entonces, la luciérnaga va condenada a decir:

-Ved qué humilde soy.

¡Pero lo dice tan bellamente…!

Estancia XIV: El Descanso

En la alborada es cuando el Miedo no puede ya resistir el sueño y se retira a dormir. Apenas una hora, quizá dos. Al elevarse el sol, los malos pensamientos de los hombres y los instintos crueles de los animales han tenido tiempo de desperezarse y siembran el mundo de inquietud. Pero el nacer de cada día tiene una pura intención universal; hay como una tregua entre los seres y no se piensa en que el destino puede haber tramado algún mal contra nosotros. Parece que lo que ha de suceder no ha sido aún escrito y que son precisamente aquellos los instantes en que, si le hablamos a la Fatalidad, accederá a escucharnos benévolamente. Con el sueño los cuerpos han descansado y las malas ideas descendieron a formar poso en las almas. Se puede mirar al sol, que aún se empereza entre sábanas de neblina, en el lecho del horizonte, y se puede mirar la vida con la confianza de todo renacer. Gusta comprobar que allí estamos nosotros, fugitivos del antro de las pesadillas, de esa muerte pequeña que es el dormir, y que allí está la aldea y el bosque, el mundo, salido sin cercén, de la boca del misterio, goteando escarcha, esa baba fría que hay en las fauces de la noche.

Son ahora los amaneceres tempranos, que alivian la labor de Pilara, porque la fraga ya no la envuelve en hosquedad, sino que se le ofrece ingenua y soñolienta, sumergida en grises, cuando tiene que atravesarla para llevar el enorme jarro al tren corto, que se detiene un minuto cada día en el apeadero.

Los caminos son entonces visibles, y las ramas y troncos, libres del fantasmagórico influjo de las tinieblas, no componen siluetas monstruosas, sino que aparecen como simples árboles de aire inocente y reposado, como si no hubiesen sido nunca capaces de asustar a una niña que va a entregar unos litros de leche a la revendedora que baja de Guísame. Los animalitos de la fraga aún no se muestran a esa hora, porque madrugan poco, y si se exceptúan los pájaros y algunos insectos, la vida duerme al amanecer y parece que todavía todo está entorpecido, entumecido y en espera. Ved si no a las arañas, que sufren con cada orto el disgusto de descubrir que las redes que han tendido entre las ramas del tojal están reveladas tan claramente como si hubiesen sido hechas de brillantes hilos de plata. 121 rocío las torna así, acumulando hasta en el más tenue filamento gotitas imperceptibles que al bañarse en luz delatan toda la geométrica urdimbre. La araña lo ve desde su agujero y no se atreve a salir. Y no es -bien lo sabe Dios que le importe esperar unas horas para desayunarse, pero se llena de la explicable vergüenza de quien preparó una trampa y nota que se la descubren. Las redes de la araña no son cualquier cosa: tiene que hacer cálculos de resistencia de materiales, tiene que contar con las sacudidas de k presa, tiene que considerar la posibilidad de ráfagas violentas y acondicionar su tela de suerte que se combe a su empuje como una vela, pero sin dejarse romper; ha de estudiar los apoyos más convenientes para sus cables, ha de emplear una geometría que exige cálculos científicos, ha de instalar un telémetro que le permita darse cuenta en su escondrijo de que en cualquier lugar de la trampa cayó y se debate una pieza, para apoderarse de ella antes de que logre huir o de que cause deterioros sensibles. Y todo esto es preciso que esté dotado del máximo posible de invisibilidad. Hay que realizar una obra tan tenue, tan leve y sutil, que cuando la mosca tropiece y sea retenida en ella piense:

«¡Caramba!… ¿Qué es esto?… ¡Si yo no he visto nada!»

Ése es el éxito de una buena araña, como, por otra parte, es el éxito de todo el que prepara un ardid. Nada nos ruboriza tanto como que el ser elegido para víctima de una burla la adivine antes de caer en ella y se ría de nosotros. Por eso, la araña pasa un mal rato cada amanecer y se oculta en lo más profundo de su agujero para no oír los sarcasmos del Pueblo Pardo, que pasa y repasa junto a la red escandalosamente blanca de rocío -tan blanca que parece un pañuelito de encaje puesto a secar- y comenta en sus zumbidos:

-¡Mirad, mirad dónde hay una tela de araña! ¿Habrá creído esa tonta de patas largas que nos iba a cazar con ese harapo?

Y las moscas se ríen:

-¡Uh, uh! Otras dicen:

-Acordémonos de dónde está para no volar por ahí, y se morirá de hambre esa torpe hilandera.

Pero como no tienen memoria, apenas se alejan unos metros se han olvidado ya. Las que más molestan son las que critican:

-¡Vaya facha de red! ¡Qué mal terminada! Tiene agujeros por los que podría pasar un mirlo.

Cuando esto oye, es difícil que sepa contenerse una araña, porque todas tienen el orgullo de su labor. Entonces suelen correr a la entrada del agujero y contestan:

-¡No, señora; no, señora! ¡Es que el peso del agua la ha roto! A ver, ¿qué tiene usted que decir de mis redes?

Y el Pueblo Pardo la abuchea:

-¡Un, uh! ¡Uh, uh!

¿Qué puede hacer la araña? Sólo esperar a que el sol se eleve y evapore las gotitas denunciadoras.

Estos diminutos incidentes no quieren decir que la fraga se despierte temprano. Antes que ella comienzan los hombres a estar activos. Pilara encuentra algunos obreros que llegan andando por la vía, chupando el primer cigarrillo de la jornada y con el pucherito azul de hierro esmaltado envuelto en trapos para conservar el calor. En el andén, aldeanas en pie junto a sus cestas o sentadas sobre un montón de traviesas negruzcas esperan la llegada del tren, y hombres que aún llevan algo del invierno, en sus bufandas o en sus chalecos, acumulado, conversan desmayadamente sin separar de la boca la colilla, cuyo despegado papel de bordes quemados hace oscilar la brisa. Ese perro perdido que hay en todas las estaciones, por pequeñas que sean, va y viene olfateando a la gente, nostálgico del dueño y tembloroso de hambre. Todas las piedras de la vía son morenas, todo el horizonte es de bosques, todos los postes del telégrafo van hacia Castilla. ¿Por qué? Allí están clavados, inmóviles; sin embargo, parece que son una hilera en marcha y nunca se piensa que se dirigen a la costa, sino hacia arriba, hacia lejos, hacia el interior.

Pilara gusta de hablar con las mujeres y como las mujeres cuando llega a tiempo para sentarse entre ellas. Entonces pide: «¿Quién me echa una mano?», y luego que le ayudaron a posar en tierra el jarro que soporta su cabecita desgreñada, oye noticias y las da y comenta ocurrencias, sin quitar ojo del perro para zacearlo en cuanto lo ve aproximarse al recipiente de metal.

Como el estrépito del tren se hace oír desde lejos, todos aperciben con tiempo sus bultos para asaltarlo, y Pilara dispone de experiencia para situarse con tal exactitud, que el furgón se detiene siempre frente a ella. Aquel día, como todos los sábados, era mayor el número de viajeros y la niña hubo de sortear prisas y tropezones para acercarse al tren sin poner en peligro su carga. Desde lo alto, la lechera de Guísamo cogió el pesado recipiente, y en seguida Pilara trepó porque debía recibir el dinero de la semana. Siempre hacía lo mismo y aquellos segundos que pasaba en el furgón entre las mujeres que hablaban a gritos, sentadas entre sus cántaros, tenían para ella un placer especial. Hasta había pensado en ser lechera cuando tuviese algunos años más, e irse todos los días a la ciudad, voceando como todas su ¿quen que bô leite?, con el tradicional tonillo que pone melancolía en las mañanas coruñesas, y almorzar por una peseta el sabroso guiso de pescado o de carne en las posadas de arrieros de la plaza de Santa Catalina.

La mujer de Guísame revolvía en la faltriquera que llevaba atada a la cintura, entre la falda y el refajo. Contó el dinero y lo volvió a contar, pero le hacía falta cambiar una moneda para completar los céntimos de la suma, y en esto el tren pitó y un fuerte tirón de la máquina sacudió los vagones. La mujer empujó a Pilara hacia la ancha puerta del furgón.

-Mañana te daré el resto.

-¿Y qué dirá la señora Juanita? Démelo ahora.

-No creerá que te has quedado con él.

-Pues sí, lo creerá. Démelo.

-¿Cómo quieres que te lo dé, diablo de chica? ¿No ves que no tengo suelto? -y como Pilara no se moviera, gritó, malhumorada, a sus colegas-: ¿Quién lleva ahí cincuenta y cinco céntimos?

Dos o tres faldas se alzaron con parsimonia para permitir la rebusca en otras tantas faltriqueras. El convoy había entrado ya en la trinchera, pero no era la primera vez que la criadita se arrojaba en marcha. Envolvió las monedas en el rodillo que le servía para sostener la carga sobre la cabeza, lo guardó dentro del cántaro vacío y, asida con la otra mano a la jamba, pasó al estribo y se encorvó.

La marcha comenzaba a ser rápida y estaba ya más lejos del andén que otras veces que había realizado análoga audacia. Vaciló. Algunas lecheras le advirtieron recelosamente:

-¡Cuidado, muchacha!

-No…, no… -rechazaba ella.

Doblegóse, buscando con los ojos la mejor ocasión para el salto. Al inclinarse el tren en la curva, el estribo se elevó más aún. Pilara pensó que no era aquél el momento, pero también pensó que la velocidad aumentaría en cuanto los coches desembocasen en la recta, y que, aun saltando allí, tardaría en volver a su casa más de lo que soportaría la escasa paciencia de la Arruallo. Se inclinó hacia atrás y se dejó caer, con los ojos cerrados.

Oyóse el golpe del cuerpo y el del cántaro de metal, que rebrincaba entre las piedras.

Las lecheras gritaban desde la puerta del furgón; otras, aún en el interior, se tapaban los ojos como si el espectáculo ocurriese allí mismo, ante ellas, y clamaban:

-¡Ay, Jesús; ay, Jesús…! ¡Dios me valga!

El tren paró lejos. Algunos hombres saltaron de él y corrieron buscando el cuerpecillo, que parecía más leve que nunca entre las matas del talud. Aún respiraba cuando un aldeano volvió con él en brazos hacia el apeadero; en el tren se envió un aviso al médico de Cambre y unos chicos marcharon a anunciar la desgracia a Juanita Arruallo y a la madre de Pilara; pero cuando aún no había entrado en la congostra el grupo adolorido, el portador sintió sobre su corazón el último y suave estremecimiento de la niña.

-Ya murió -anuncióse a sí mismo.

Los que iban a su lado rezagáronse, corno si dejasen pasar el alma.

-¡Ya murió! -susurraron a los que marchaban detrás. Y una mujer rompió a llorar ruidosamente.

Caminaron hacia la fraga, porque decidieron llevar el cadáver a la choza de Marica. Bajo la solemne indiferencia del follaje, el cortejo se alargaba en los estrechos senderillos y aun una vez se detuvo porque una zarza agarró las repitas de la muerta, y el hombre que la transportaba no quiso tirar, como si supusiese una sensibilidad sobrehumana en aquel pobre y laxo bulto que conducía, y esperó a que desprendiesen cuidadosamente las espinas.

Más allá encontráronse con el hidalgo del pazo, que daba su paseo mañanero. Y miró al aldeano que sostenía a Pilara y el aldeano le miró a él con la menos humana de las miradas que habían cruzado nunca, porque lo humano es vanidad y categoría y escalones y convenios, y en aquel encuentro de los ojos se dijeron los dos: «¡he aquí la muerte!», y los dos se sintieron igualados en fragilidad y en tristeza.

El señor D'Abondo separóse e interrogó a los últimos que pasaron. Escuchóles con rostro entristecido.

-¡Dios mío! -suspiró.

Vuelto hacia donde ya desaparecía Pilara, descubrióse e inclinó la cabeza. Después siguió cavilosamente su paseo.

Conocía a la niña, como a todos los vecinos de la parroquia, y el truncamiento de aquel ser, en tan inesperada manera, le impresionó hasta agitar ese fondo del alma donde se aplasta, con todo el peso de la vida encima, la seguridad de que también nosotros vamos hacia la nada. En la naturaleza no vio indiferencia, sino convicción, como si su impasibilidad proclamase:

«Es así, y siempre será así, y todo será así. Tan breve es la vida, aun de los que creemos que viven mucho, que podría decirse que no nacemos sino para morir y que entre aquel principio y este fin nada hay sino confusión y futilezas que rellenan la espera; mezquindad sólo visible para la última y turbia mirada».

El señor del pazo andaba lentamente, abstraído.

«¿Por qué olvidamos -pensaba- que la muerte puede venir así? Quizá el único medio de vivir profundamente sería el dar a cada acto valor de lo postrero. ¿Volveré a pisar este camino que ahora sigo? Marcho sin mirar lo que me rodea, porque me parece habitual; pero si creyese que ésta era la última vez que lo vería, estallaría de pronto la novedad inmensa de significados y de aspectos que hay en cuanto creo que nada puede revelarme ya. Hasta los más ínfimos actos adquieren así un tremendo sentido. He arrojado mi cigarriño hace un momento, con la displicencia de lo maquinal; pero si pienso que puede ser el último…, el último, y no saberlo yo… Porque todo puede acabarse ahora, dentro de un instante…, y quedar la vida deshilachada, rota, sin final… En verdad, casi ninguna vida tiene un final…, un final redondeado, de soluciones acabadas, como las que los escritores mienten en las novelas… Siempre permanece el brazo de una intención agitándose un momento en la sombra, queriendo asir lo que era su propósito, cuando ya no hay más que el vacío de la muerte».

Se apartó para no pisar un insecto que cruzaba torpemente el camino. Un puntito de vida. ¿Un puntito…? Pero la vida no tiene dimensión: es -milagrosa, indivisible, irreconquistable- o no es. El señor D'Abondo salió del bosque y vio a lo lejos la pared blanca y gris de la iglesia.

«En la juventud -se dijo- rezamos por el triunfo de nuestras ansias; llega una edad en que sólo se reza por la paz de nuestros muertos. Aquéllas disminuyen y éstos aumentan. Eso es, al fin, toda la vida y todas las vidas».

Cuando llegó al pazo ya conocían en él la mala noticia, y las mujeres se lamentaban de que apenas hubiera flores en el jardín, porque querían enviarlas con abundancia. Toda la aldea se condolía del infortunio de Pilara y se desgranaban alabanzas para aquella su virtud del trabajo -que el labriego estima acaso más que otra alguna- y para la bravura con que braceaba con la vida desde la niñez y para el alivio que representaba para la viudez de su madre. No hubo casa en que no se hablase de ella durante el desganado almuerzo, ni tierra donde la labor no alterase su ritmo con los plañideros comentarios. Evocaban:

-Aún la vi ayer, cuando estaba… Y un aldeano:

-Trabajaba como una mujer. Y una mujer:

-Nunca tuvo un mal modo.

-¡Santiña! ¡Era como una santiña del cielo!

La vieja Juanita Arruallo llegó a la choza, llorando, y se abrazó con grandes ayes a Marica da Fame. Ambas clamaron, enlazadas, durante mucho tiempo. La Arruallo decía:

-¡Y qué me importaba a mí que no trajese el dinero…! ¡No debió hacerlo, no debió hacerlo…! ¡Maldita sea todo el dinero del mundo…! ¡Ahora, para el resto de mis días, me roerá el corazón el pensar lo que ocurrió por esos cuartos de Satanás!

Y unas comadres querían consolarla:

-No diga eso, señora. ¿Qué culpa tiene usted?

-Estaba de Dios. Así debemos pensar: estaba de Dios. Ella sollozaba.

-¡Nadie la quería más que yo, ni su misma madre! ¡Aún, por la fiesta, le di un pañuelo nuevo y pensaba comprarle una falda para el buen tiempo, que bien ganada la tenía la pobre!

Durante el día la gente acudió a la choza y algunas rapazas llevaban flores humildes; pero por la noche quedáronse tan sólo a velar el cadáver cuatro o cinco mujeres y los maridos de dos de ellas. La casa era tan chica que no cabían más personas y, esto aparte, las muchachas de la aldea tenían miedo a internarse en la fraga en la oscuridad y con la muerte en su vecinanza. Los dos hombres, sentados en un rincón, hablaban de bueyes y de vacas, y las mujeres se contaban historias para sostenerse despiertas.

La cándida almita de Pilara, si estaba aún allí, no aprobaría aquello. Le hubiese agradado más un velatorio como los que eran tradicionales en la parroquia, con partidas de julepe y mozas y mozos cambiando pullas, gritadores, mientras el cadáver, con sus manos cruzadas y estirado en el ataúd, puesto el traje nuevo y las botas de ir a La Coruña, conservaba un aspecto serio, pero no reprochador de que la gente procurase distraerse en su casa. La almita de Pilara estaba -como siempre estuvo- entre almas graves y añosas, de personas mayores, que hablaban de asuntos formales, y no se permitían ninguna frivolidad. Escuchaba, calladita, expectante, inadvertida, como antes en las tertulias de su ama.

Marica cabeceaba y en cada despertar lanzaba ayes e imprecaciones. Las mujeres desembocaron en el tema de los hijos, el del perfecto amor humano. Una refirió la historia de la vieja Eduvigis. La vieja Eduvigis tenía a su hijo Paulo en la Argentina. Con nadie más contaba en el mundo. De cuando en cuando le llegaban a la mujer cantidades de dinero que ella invertía en compras sensatas, y así consiguió rehacer la arruinada morada familiar y reunir en sus proximidades lotes de tierra fértil. Aquella mujer relacionaba con su hijo todas sus acciones y sus ensueños, y sólo la angustiaba un temor: el de morir sin volver a verle. Únicamente a él se referían sus charlas y era capaz de andar tres o cuatro leguas para preguntar a cualquiera recién llegado de Buenos Aires noticias de Paulo, que vivía en Rosario de Santa Fe, porque para ella su hijo llenaba de frontera a frontera la extensión geográfica de la Argentina.

Paulo volvió a la aldea. Eduvigis le llevó y le trajo, mostrándolo todo, y, por cierto, nadie hubiese administrado mejor los bienes, porque sobre haber sabido comprar bien, las rentas acumuladas le permitieron nuevas adquisiciones, y de todo estaba noblemente orgullosa al enseñárselo a su hijo. Después hizo una peregrinación, porque la había ofrecido si el Señor le devolvía al expatriado, y marchó de rodillas una vez y otra vez alrededor de los muros del santuario, y retornó a la paz de su casa.

En la romería de San Roque, Paulo conoció a una moza de Armental. Se llamaba Juliana y sus padres eran pobres renteros agobiados de hijos. Juliana era codiciosa y dura, y el frío de su corazón entró en el de Paulo cuando el amor lo hubo abierto para ella. Un día el indiano le dijo a su madre:

-Voy a casarme y quisiera manejar mis bienes.

-Todo lo que tengo- contestó Eduvigis- será tuyo cuando me muera.

-Pero, madre -objetó él-, yo no puedo esperar a que usted se muera. Y gran parte de lo que hay se compró con dinero mío. Cierto es que yo se lo di, pero en depósito.

-Nunca me lo dijiste. Sin embargo, es justo. Dispón de cuanto hay desde ahora. Y cuando él tuvo toda la hacienda en sus manos se casó. La vieja vivía con él, y Juliana le encargaba las más rudas labores, sin que ella protestase nunca. Finalmente, la insultaba. Paulo, dominado por su mujer, ya no sentía sino despego por su madre, y cuando Juliana decretó que no podía vivir con ella, la expulsó. La vieja se marchó sin llevarse otro bien que una descortezada rama de castaño para aliviar su cansancio y contener la furia de los canes en los caminos de la tierra. Poco después de nacer el primer hijo de Paulo, reapareció en la aldea la anciana, pero no entró en la casa; vio al recién nacido que dormía en un cesto a la sombra de un pajar, lo bendijo y se fue. Habría cumplido dos meses el segundo hijo de Paulo cuando la vieja volvió a mostrarse. Estaba delgada y torcida como una raíz; sus ropas eran andrajosas; sus pisadas, trabajosas y lentas. Rondó la aldea hasta que logró encontrar a su nieto en brazos de una criada. Lo besó, lo bendijo y se fue. Paulo tuvo su tercer hijo hace un año. Pero la vieja no apareció más.

Terminada la historia, una de las mujeres advirtió que Marica da Fame se había dormido, y acordaron hablar en voz baja para no interrumpir su reposo. Otra mujer comenzó a contar algo que ya su madre le había contado a ella y que se refería a una tal Olalla, a la que se le había muerto un hijo. Anunció que el suceso parecería extraordinario a sus oyentes, pero que era auténtico, sin que pudiera aclarar cómo llegó a saberse con tantos detalles, porque tampoco se lo habían explicado a ella. Habló en tono y con bisbiseos de rezo, respetando el reposo de Marica, y las otras mujeres se inclinaron para oír mejor. Poco a poco sus palabras se hicieron más audibles. Uno de los hombres acercóse con pesado andar al fuego y las ramas de tojo chascaron al ser rotas entre sus manos, antes de alimentar la hoguera.

-Y entonces -decía la mujer, con el canturreo de su acento aldeano-, entonces la pobre Olalla aún pasó dos años más sobre la tierra, porque Dios Nuestro Señor, alabado sea, no la quiso llamar a Sí, y ella vivía entre reliquias del hijo, y si llovía recordaba algo que había dicho o hecho su hijo en un día de lluvia, y si hacía sol, algo que había hecho o dicho el rapaz en un día de sol. Y se puso muy viejecita, muy viejecita. y no tenía sino los huesos y la piel. Y la boca más le servía para los rezos que para la comida, y los ojos para llorar más que para ver un mundo que ya no le importaba. Y al fin se murió, y la recibieron los ángeles del Señor y le dijeron:

«Regocíjate, Olalla, porque entras en el cielo». Y ella se dio a recorrerlo todo, con una sonrisa alegre y una mirada ansiosa, y se fue por donde están las estrellas con miles y miles de almas volando alrededor, como mariposas junto a una luz; y vio el paraíso donde se pasean los justos, y los troncos de nubes donde se instalan los santos para alabar a Dios y escuchar las súplicas de quienes aún estamos en el mundo. Y vio a los serafines y a los querubines, que tocaban sus instrumentos y cantaban la gloria del Altísimo. Y a pesar de todas estas maravillas, su alma se iba poniendo más triste y más triste. Y se volvió hasta llegar a donde estaban los ángeles que la habían recibido y siguió. Y los ángeles que la vieron salir, le gritaron: «¿Adonde vas, Olalla?», creyendo que equivocaba el camino. Y ella contestó: «Me voy en busca del cielo». Y los ángeles se rieron y le aseguraban que ya estaba en él. «No -terqueó Olalla-, éste no es el cielo, porque mi hijo no está».

-¡Jesús! -se escandalizó una de las mujeres-. ¿Dijo eso?

-Así lo cuentan. Y por decirlo, la condenaron a andar, como alma en pena, no sé cuántos años por el mundo, que por eso se supo aquí.

-¡La cuitada! -se compadeció otra mujer.

El fuego del hogar volvió a atenuarse y volvió a revivir. Marica volvió a despertar y volvió a dormirse. Las vecinas abrigaron sus manos entre el pecho y el mantón cruzado y se callaron, y después tornaron a hablar, y cuando el alba apareció, puesta su mano pálida ante el sol, como quien camina protegiendo una luz para que no se apague, todo semejaba no haber sucedido. Pero Pilara estaba allí, cruzadas sobre el delgado cuerpecillo las manos morenas y trabajadas, con sus uñitas negras y la cicatriz que tenía desde que se cortó con la hoz. Y en la cara aquel gesto de quien teme ir a ser reprendido.

Del pazo enviaron una cruz hecha con flores, y fueron llegando, en grupos, por la fraga, los campesinos y la mocedad de la parroquia. Decían allí, mientras esperaban entre los robles, que pocas veces se había visto tanta gente en un entierro, porque era domingo y porque todos querían a Pilara. El cura y sus acompañantes entraron en la choza. Transcurrió algún tiempo aún, y apareció el féretro. Los hombros de cuatro muchachos lo soportaban sin esfuerzo, y sobre él había un puñado de flores que iban cayendo del lado de Gundín, que era el más bajo. Fue preciso llevar el pendón negro inclinado, porque tropezaba en las ramas de los árboles. Entonces, según la costumbre aldeana, algunas mujeres comenzaron a despedirse de la muerta. Fue su madre la que lanzó las primeras voces, roncas de llanto:

-¡Adiós, mi hija, la que nunca un disgusto me dio, que era una niña y ganabas para tu pobre madre! ¡Adiós, que yo le pido a Nuestro Señor que te premie el pan que te comí y el bien que me hiciste!

Y la gente lloraba, toda calladita. Y hubo un breve silencio en el que parecía que el alma de Pilara, presente allí, sobre el ataúd, entre las flores, contestaba con aquel tono de timidez y de respeto con que hablaba a las personas que tenían mando sobre ella:

-¡Adiós, señora madre, adiós! Y una aldeana gritó después:

-¡Oh, Pilara: cuando encuentres a mi difunto, cuéntale cómo vivo y cómo saco adelante a nuestros hijos, y dile que pida por nosotros!

Y el almita de Pilara:

-¡Diré, señora, diré! Una moza sollozó:

-¡Explica a mi padre que acordamos la partija como él quería y que no lo olvidamos nunca! ¡No dejes de hacerlo, Pilara!

Y el almita de Pilara:

-¡Haré, sí, señora!

-¡Hija querida; qué desgraciada fuiste, hija mía! -clamó aún Marica da Fame, cuando ya el cortejo se alejaba.

Y las dos últimas flores resbalaron del ataúd y cayeron, una tras otra, sobre el camino, con un ruido blando, como si el alma dijese muy apagadamente o ya desde muy lejos: «¡Adiós…, adiós…!»

Cuando salió del bosque, el pendón se irguió y la gran tela negra aleteó un instante, como en una débil despedida a la fraga inmóvil. La sobrepelliz blanca del cura se vio desde todos los lugares de la aldea, sobre el verde de los sembrados.

Luego la larga hilera de gente dibujó en relieve vivo las sinuosidades de un sendero.

Estancia XV: Un Insecto Sobre el Agua

¿Cómo sabe el cuervo tantas historias? Acaso porque es longevo, acaso porque sus fuertes alas le consienten largos viajes... Dicen que en algún tiempo tuvieron sus plumas brillantes colores y que los fue abandonando al descubrir lo efímero de las vanidades y la puntería de las armas de caza. Por ser sabio siente esa inclinación de los sabios hacia los trajes negros. Los hombres lo encuentran inquietante y enigmático. Él conoce a los hombres mejor que los hombres a él. Y también a los demás seres. Si alguno pudiera comparársele, sería el búho. Pero tampoco. El búho es un filósofo y el cuervo es, más bien, un historiador. Tiene memoria de historiador y recuerda no sólo los grandes sucesos, sino también las pequeñas anécdotas.

El relato que sigue lo hizo él en un claro de la fraga donde se había posado con varios compañeros para devorar los mal enterrados restos de un recental. El raposo, el lagarto y la urraca estaban oyendo y esparciendo la narración que hoy conocen y repiten todos los habitantes del bosque. Puede sospecharse que en este rodar por tantas leguas se habrá modificado mucho y acaso haya detalles inventados después; pero lo que importa es la veracidad esencial, y de ella no se debe dudar siendo el narrador un cuervo.

¿Quién otro lo podía saber? El episodio acaeció en el río y los animales de la fraga ignoran cuanto se relaciona con los moradores del río. Sólo un enciclopedista, como el cuervo, alcanza a enterarse de algo de lo que ocurre entre el misterio de las aguas; para los demás, el río es el camino que se lleva a sí propio y que no consiente que nadie lo pise y recorra; algo mágico y temible al que se acercan siempre con recelo. Los habitantes del río, a su vez, tampoco consiguen saber gran cosa de sus vecinos de la fraga. Cuando se encuentran juntos, sea en el agua, sea en la tierra, uno de ellos no vive mucho tiempo.

El río -como un ser humano- tiene rostro y entrañas, y sería locura enjuiciar éstas por la apariencia de aquél. El rostro es plácido y bello: una lámina tersa y luminosa que ondula en senos y en meandros; hoy azul, gris mañana; a veces tiene oro en sus arrugas, como el Sil en sus arenas; a veces al orgullo del cielo estrellado responde con la vanidad de su faja líquida tachonada de ilusión de luceros, como un cinturón adornado con brillantes; a veces, también, quiere copiar la luna, pero siempre le resulta un poco temblorosa, surcada de bordes indecisos... Bien de luz y de color, pero mal dibujada.

Desfilan sus aguas entre una doble guardia de abedules, de álamos, de mimbreras, que en el invierno están firmes como soldados, presentando las armas de sus ramas desnudas, y en el verano tienden un toldo bajo el que pasa el río con sus cuchicheos y con su frescor. Entonces sí que nada hay tan hermoso como su corriente en cuanto pueden ver ojos humanos. Tal como los galanes envían un beso a una bella con las puntas de los dedos o tal como las bellas arrojan al galán una flor desde sus ventanas, así las delgadas ramitas terminales de los árboles dejan caer sobre el agua una hoja que desciende desde el verde palio, en la verde penumbra, y gira sobre sí misma y planea y no permite saber ciertamente si es hoja o mariposa hasta que asienta su levedad en el río. Y el río la lleva ufanamente en su cristal y la guarda en los escondrijos que tiene entre los juncos o la pierde en aquel sobresalto que sufre en la presa del molino, cuando se siente caer y se alborota y alza bracitos de espuma para asirse a algo, y sigue después, gruñendo, acrecentada su rapidez porque cree dejar atrás un peligro y va asustado todavía.

En los remansos, cerca de las márgenes, las moscas de río, delgadas y largas, con un patín en cada pie, se impulsan contra la corriente para no desplazarse. Alguna rama vieja pasa, rumbo al mar, arrastrando burbujas como náufragos con cabecitas de vidrio que se agarrasen a un árbol.

Éste es el rostro. En las entrañas alberga seres animados por las dos condiciones inherentes a los que en el agua viven, la prolijidad y la avidez: las anguilas de múltiples dientes crueles, la trucha voraz, la sanguijuela que aguarda entre el fango ocasión para sus borracheras de sangre...

Pero el cuervo no los juzga así o, si los juzga, no lo dice. Sabe únicamente que todos acatan la ley natural, que las alimañas del bosque y la fauna diversa del río operan en círculos tangentes. Y el hombre también, porque allí no le es posible sentir ese endiosamiento que le lleva a creer que puede hacer distinguido un lugar sólo con su presencia; por el contrario, el más renombrado o poderoso, al encontrarse a solas en el campo nota cómo la naturaleza se apodera de él y le convierte en un transitorio y leve detalle del paisaje, como al tejón, como al camello, como a la avispa o al estornino. El cuervo cree que nada es malo dentro de la ley natural, porque todo es preciso y concatenado en la lucha por la vida. El insecto que vuela cerca del agua es devorado por la trucha, la trucha perece entre los dedos del rapaz aldeano que entró desnudo en la corriente, y de las piernas de este rapaz extrae glotonamente unos buches de sangre la sanguijuela.

Si lo que el cuerpo contó suscitó interés y regocijo y corrió de lengua en lengua, fue porque el hecho que motivó el episodio violaba precisamente la ley natural.

Fue como va a saberse.

El señor D'Abondo decidió dedicar a la pesca alguna de sus horas vacías.

Se pertrechó, bajó al Mero -que así se llama el río- y dedicóse a buscar en sus márgenes el lugar más conveniente para la empresa. Creyó encontrarlo junto a un grupo de abedules de plateada corteza, que le permitía disimularse y no alarmar a los peces. Sentóse, distribuyó sus trebejos, armó la caña, y unos minutos después, sobre el agua oscura, revolaba graciosamente el anzuelo, con esos giros y esos borneos que saben imprimirle los buenos pescadores especializados.

Una trucha pequeñita lo vio y salió como una flecha a contárselo a las demás. Todas se sintieron contentas.

Incurrirá en error quien suponga que la trucha ignora los ardides del hombre. La listeza de la trucha es un tópico entre nosotros y muchas veces nos sirve de paradigma, pero sin que sepamos aproximadamente hasta dónde puede llegar. Acaso millones y millones de seres humanos se asombren en su egocentrismo, si se les informa de que la trucha es un animal deportista. Y sin embargo, es una verdad más exacta que otras muchas verdades en las que creemos a pies juntillas. En la pesca hay un deportista -el hombre- en la ribera, y otro deportista -la trucha- en el agua. Cada uno de estos seres practica un deporte que no se parece al del otro: el del hombre con la caña es soso, tranquilo, cachazudo; el de la trucha es apasionante, peligroso, dinámico. Su juego consiste en coger el saltamontes o la mosca sin quedar cruelmente retenida por el sutil garfio del anzuelo. Su goce es infinitamente más grande que el del pescador, porque el riesgo lo subraya. Pensaréis que parece muy poca cosa un saltamontes para merecer que se arriesgue por él la vida. Para un hombre sí. Pero si vuestra opinión ha de ser tenida en cuenta en este asunto, será preciso que discurráis como una trucha, no como un hombre. Mas aunque no lo hicieseis así, os bastará recordar que en el deporte no se busca una utilidad inmediata y directa. Los hombres mismos, ¿no hallan placer en los saltos con pértiga o con esquí? ¿No juegan su vida marchando a velocidades increíbles sin alcanzar más que una copa de plata -de baja aleación- que para nada sirve? Bien sabe la trucha que puede estar la muerte al extremo de aquel hilo que pende sobre el agua; pero el alpinista no ignora que también puede encontrarla en su ascensión, y el boxeador en el ring, y el carrerista en un recodo, y el caballista y el remero y el aviador y el que cruza a nado un canal o un estrecho… ¿Es que se cree que la trucha salta nada más que por comer la mosca?… ¿Qué falta le hace a ella una mosca para comer?

Precisamente hacía casi un mes que Esmorís no se detenía con su caña en las orillas del río y que Fuco no entraba desnudo en el agua para apresar con hábil mano las truchas que jugaban con él al escondite entre las piedras. Había crecido en ese tiempo el ansia del difícil y ennoblecedor ejercicio. La bandada se dirigió alegremente hacia el lugar denunciado por su compañera. Iban allí truchas que habían alcanzado muchos premios y truchas que envidiaban su reputación y se disponían a superarla, y truchas que aspiraban a saltar por primera vez, y truchas que no pensaron nunca en intervenir en el juego, pero que, grandes aficionadas a él, acudían a presenciar sus incidencias. Algunos peces partieron, como leves rayos de sombra en el agua, a avisar a campeones que se hallaban lejos, río abajo, y al pasar difundían la noticia de la fiesta por todo el vientre del río.

Hasta que allí donde el espejo líquido reflejaba el grupo de abedules, y aún más allá, se reunió una bandada abundante, oculta con cautela en las sombras de las orillas, entre las raíces de los árboles que tocaban el fondo, entre las marañas de hierbas acuáticas que la corriente peinaba o asomando la cabeza cabe los pedruscos redondeados del cauce. La emulación, el ardimiento, la curiosidad y el ansia de una muchedumbre de actores y espectadores de una olimpiada encontrábanse allí.

«¡Bella reunión!», reconoció una anguila, alejándose, porque las anguilas son más apáticas y no les gusta nada saltar.

Cerca de cuatrocientos ojos redondos elevaron sus miradas hasta más allá de la superficie. ¿Y qué vieron entonces? Vieron, naturalmente, la caña y el hilo; pero en el extremo de éste, el insecto más original y atractivo que habían contemplado nunca: su esbelto trazo era como de oro y tenía una pelusa verde y roja y azul... ¿Leve plumilla o pelos de colores?... No se veía bien porque no estaba quieto. Fuese lo que fuese, aparecía magnífico; tan arrobador que todas las truchas -las grandes, las pequeñas, las gordas y las flacas, las asalmonadas y las vulgadas- abrieron la boca y dejaron salir una burbujita de aire, lo que hacen siempre que quieren exclamar: «¡Oh!»

Los comentarios se esparcieron; todos convenían en que si aquel insecto maravilloso que volaba sobre el río fuese al paladar lo que a los ojos, no podía haber bocado tan exquisito en el mundo. Las truchas más viejas declararon no haber conocido nunca nada igual.

Enardecida por la gloria que entrañaba tal presa, una trucha joven dio un brinco mal calculado. Fue la señal. El equipo de deportistas se desparramó para tomar cada una la posición que le pareció más ventajosa.

Otra trucha, fina y larga, con esa elegancia de las yolas, avanzó, clavada la mirada en el extraño bicho que evolucionaba apenas a un palmo de la superficie, y en un rápido y certero cálculo de la oportunidad, disparó el resorte de su energía, apoyóse en el líquido como en un trampolín y su impulso la elevó y la lanzó al aire, con el cuerpo doblado en una curva graciosa.

Ondas concéntricas alteraron la transparencia del agua. Los peces esperaban inmóviles. Pero la trucha no volvió entre ellos. Cuando cesó el temblor en la superficie, ya no vieron la caña, ni el insecto, ni el pez. Las ondas se alejaban insensiblemente amplias -grises y blancas- en busca de orillas,

Una nueva deportista remontóse también hacia el cielo, contorsionándose. Los compañeros que la miraban desde el seno fluvial recibían la impresión de que se había hecho pájaro y volaba. Y éste era uno de los encantos del juego. Había que saber soportar el tirón, en caso de desgracia, sin descomponerse, sin perder la actitud, y aun con dolor del garfio en las fauces, colear brillantemente, ondeando el húmedo cuerpo, procurándole aspectos y reflejos magníficos bajo el sol. Así, entre los hombres, el gladiador, que elegía para morir una bella postura.

El entusiasmo de las truchas no se enfrió con la adversidad y perseveraron en sus intentos. La fiesta duró hasta poco antes de que el río comenzase a exhalar su blanco aliento de los anocheceres. En la orilla verdosa, el señor D'Abondo, orgulloso de su habilidad, recontó sus víctimas, cubrió el cestillo de mimbres con hojas de helechos, desarmó la caña y regresó victoriosamente al pazo.

Aquella noche no pasó más.

Pero desde el alba, cuando ya las truchas comienzan a buscar su alimento, no se habló en toda la corriente del río sino de la Gran Prueba de la víspera y de los espléndidos atractivos del cebo: de aquella mosca extraña que salía incólume de todos los ataques. Muchas truchas se pusieron en marcha desde muy lejos y salvaron las presas de diversos molinos para estar presentes si la fiesta se repetía. La vieja Trut, un ejemplar de kilo y medio, de tan copiosa descendencia que en el Mero y en el Barcas casi todos estaban emparentados con ella, se rió desdeñosamente. Dijo que las truchas de ahora no sabían saltar, que eran incapaces de dar, ya en el aire, ese quiebro que permite llevarse la mosca sin rozar el anzuelo; que el lindo bichejo al que tanto alababan no pasaría de ser una de esas libélulas que no tienen nada que comer, y en fin, que ella, la vieja Trut, no pensaba molestarse en ir hasta los meandros de Cecebre.

Hacía mucho tiempo que vivía en un solitario lugar cuyas orillas asombraban los mimbres y en cuyas profundidades las piedras, el fango y la vegetación enmarañada le aseguraba tranquilidad. Su reputación de cazadora expertísima estaba bien ganada. Las cañas de todos los trucheros de la comarca se inclinaron sobre ella sin conseguir nunca llevarla hasta el césped de las orillas. Los pescadores la citaron muchas veces al intercambiar sus historias, atribuyéndole un peso que estaba lejos de tener. «He visto una trucha de cinco kilos...», decían. Y también. «La tuve casi presa, pero se me escapó». Esto ya era verdad. Trut había sufrido más de cien accidentes al saltar sobre el cebo, aunque siempre lograba -suerte o casualidad- desprenderse. Dos años atrás estuvo enferma de cuidado, cuando al juez municipal se le ocurrió pescar con cloruro. Entonces se quedó como sin sentido, asfixiada, y marchó a la deriva, inconsciente, casi a flor de agua, hacia donde esperaban los hombres con los trueles de largo mango. Gracias a que encalló en una mata de juncos y quedó allí, invisible, se pudo salvar, pero tardó largo tiempo en reponerse.

Relámpagos de sombra estuvieron cruzando el río toda la mañana y hasta bien entrada la tarde, porque nadie quería faltar a la fiesta y se anhelaba ser testigo o actor de las hazañas memorables que habían, sin duda, de ocurrir. Hasta los diminutos alevines acudían en bandadas, casi transparentes, incapaces aún de proyectar una sombra en el légamo.

La esperanza general no fue defraudada. El señor D'Abondo, engolosinado con el éxito de la víspera, acudió a las tres y diez minutos a parapetarse tras del grupo de abedules, y muy poco después el insecto maravilloso, pendiente del hilo de la caña, iniciaba atrayentes evoluciones sobre la superficie. Hubo unos minutos de expectación. En seguida se reanudaron las pruebas.

¡Triste fecha en los anales del río! Un campeón de más de una libra, perteneciente al equipo de la ribera de San Julián de Bribes, fue arrebatado para no volver nunca más a las verdosas aguas ensombrecidas. Otro afamado saltarín -seiscientos veinte gramos- del equipo de Orto corrió igual lacrimógena suerte. Media docena de truchas jóvenes viéronse también en la abrasadora atmósfera, en el fondo del cesto, en esa agonía que para los peces es como una borrachera de oxígeno.

La melancolía nublaba ya el placer del deporte. Los jugadores iban y venían, antes de decidirse a saltar, secretamente preocupados por las dificultades de la empresa, y el tropel acuático sentía el pesar de haber perdido tantos héroes. Las aguas les parecían más frías y más oscuro el cielo que veían a su través. Se abrió una pausa de inacción. El insecto prodigioso agitábase, ora rozando la corriente, ora elevándose, en amplias curvas, en giros desafiadores, como en reto a los dientes menudos y a los cuerpos elásticos de los que le acechaban.

Y he aquí que hubo como un remolino silencioso en el vientre de las aguas. Algo acercábase impetuosamente, pero antes de que fuese visto llegó el rumor de la muchedumbre: «¡Ahí viene! ¡Aquí está!...» Y la vieja Trut, rauda, impresionante, apareció, río abajo, con tal aspecto que las bandadas se apretaron contra las orillas para dejar libre a su nado toda la extensión del cauce.

Pasó, mirando a lo alto, sin que pareciese reparar en sus compañeras. Sus agallas se dilataban, su cuerpo iba recto y poderoso, como un navío de guerra; en la boca cruel había fugitivos estremecimientos.

Volvió a subir y volvió a bajar. Y de pronto, el resorte poderoso de sus músculos la lanzó sobre la superficie. Cuando se remontó, el río pareció quedarse vacío. Nadie se movió. Fue un instante único, que no se puede comparar ni a aquel otro en que la gorda Flot, con sus cuatro kilos alrededor de la espina, se debatió largamente contra sus aprehensores -dos años atrás- en una lucha en la que hubo más truculencia que deporte. Ahora toda la población fluvial estaba pendiente del empeño de su veterana... Hubo en el aire un debatimiento angustioso... Y Trut volvió a caer, abriendo las aguas con estrépito, en grandes círculos. Cayó torpemente, como pudo, de costado y haciendo: ¡plaff! Las imágenes de los árboles temblaron en el espejo líquido, como si una risa silenciosa los sacudiese. Trut corrió a ocultarse entre las piedras. Iba enloquecida. Sangraba por su boca desgarrada y tenía un gesto de espanto y de dolor.

Las bandadas se sobrecogieron. El fango se elevó en una nubecilla de bistre que fue luego posándose lentamente, y entonces Trut abandonó su escondite y remontó el caudal.

Corrieron tras ella.

-¿Qué ha sido? ¿Qué ha sido?

Respondió con dificultad. Le faltaban seis dientes.

-¡Al diablo con el bicho ése!... ¡Es de alambre! Llegaron más truchas.

-¿Qué pasa?

-¡Es una mosca de alambre!

-¿Toda de alambre?

-Sí, toda de alambre. Trut lo ha dicho.

¡Oh, nunca había ocurrido nada igual!... Las truchas del Mero no se parecen a las de los ríos que prefieren los pescadores turistas, acostumbradas a trucos, y a artefactos, y a modas, y a técnicas y a novedades. Ellas no son más que truchas aldeanas que no conocen sino la buena fe propia y la buena fe del truchero Esmorís, que las busca para venderlas en la ciudad y utiliza los medios clásicos, según le enseñó su padre, y a su padre, su abuelo. Aman, sobre todo, Lo que se llama el «juego limpio», y se creen con derecho a exigirlo, sin duda con razón, porque, como ellas dicen, para algo arriesgan la vida. Si ellas se exponen a ser comidas, es natural que en el anzuelo haya algo que puedan devorar a su vez.

Hasta que D'Abondo adquirió en La Coruña una cajita que contenía las bellas moscas de alambre, nunca nada igual había sustituido a los insectos naturales en los anzuelos de los pescadores del río Mero. Ahora se podrá comprender la impresión causada por esta trasgresión de lo que, más que una norma, parecía un pacto al que los siglos habían dado tradición y firmeza.

Por todo el Mero navegó la noticia y levantó onda de escándalo. Hasta las anguilas desaprobaron el feo ardid. Después de oír a Trut, sus acompañantes se irritaron. ¿Era correcto aquello? ¡Venir a engañar así a la gente...! Algunas truchas regresaron al lugar sobre el que aún revolaba el insecto brillante.

-¡No saltéis! -avisaron a sus camaradas- ¡Es una estafa indigna! Y se retiraron todos los equipos.

El señor D'Abondo dio por terminada la sesión. El botín resultaba aún más abundante y suculento que el de la víspera. Rebosaba el cestillo de mimbres. En el pazo atormentó a parientes y a criados narrando detalles de su pesca. Naturalmente, volvió al nuevo día.

Pero entonces ni el más insignificante de los peces saltó hacia su anzuelo. Las truchas, reunidas, pasaron por allí, en manifestación de protesta, sin que ninguna de ellas dirigiese siquiera una mirada al falso insecto que trazaba los más elegantes giros a unos milímetros de la parda superficie. D'Abondo no las vio, porque el espejeo del agua se lo impedía. Fue un desfile mudo e imponente. Trut, con la boca hinchada, iba, hosca y terrible, a la cabeza.

Herido en su amor propio, extrañado por el brusco cambio de la suerte, D'Abondo insistió. Volvió por las mañanas y por las tardes. Pero ya nunca logró pescar...

Una vez en que, por desesperación o por descuido, dejó hundirse en el río su mosca de alambre, el anzuelo quedó preso en las hierbas acuáticas y él estuvo mucho tiempo dando tirones inútiles para rescatarlo. Entonces acudieron muchas truchas a contemplar de cerca la bella ficción de insecto, y en esto se entretenían cuando Trut, avisada, llegó.

Los que la conocían pudieron adivinar desde el primer instante que había concebido un plan. Y así era. Fue, vino, rebuscó un momento en el fango, dio órdenes y, obedeciéndolas, mientras algunas truchas desprendían con cuidado el anzuelo, otras traían y enganchaban en él una vacía lata de sardinas que desde hacía tiempo se oxidaba en aquel lugar, en el fondo del río. D'Abondo tiró y el viejo despojo, goteando agua turbia, se remontó con el anzuelo.

—¡A moscas de acero, peces de hojalata! —murmuró Trut cuando la burlesca presa desapareció, extraída por la caña.

Y todas las truchas se rieron con su risa inaudible.

«¡Chaff!», hizo de pronto algo. Y se escaparon. Pero no era más que la caja vacía que el hidalgo volvía a arrojar al agua. Balanceóse, navegó un poco y luego se hundió con su metálico reflejo amarillo.

Estancia XVI: El Subterráneo Maravilloso

La pierna de palo sonaba apagadamente en el camino.

Era un día como los otros días del Señor, y nada hacía pensar que pudiese ocurrir en él algo maravilloso.

La dulzura de abril se vertía una vez más sobre la tierra; el aire era picante, como si hubiesen mezclado en él alguna esencia para alegrar a los hombres; el campo vestía el traje verde que no abandonaba ni en los crudos inviernos, pero de otro tono de verdor; y el cielo parecía recién estrenado, con cúmulos nuevos también, blancos y relucientes junto al horizonte; eran la nieve del mundo, que se iba... Pero Geraldo había visto todo aquello el día anterior, el año anterior, y en otras muchas primaveras pasadas, y seguía golpeando el camino con su pata de palo, sin suponer que el día fuese otra cosa que un día más.

Era natural que los camelios aún conservasen sus flores y que comenzasen a abrirse las del cerezo, tan bellas, y las del peral, que parecían un delicadísimo trabajo en cera, y las del espino, blancas y apretadas que engañaban con su promesa frutal y que hacían del áspero arbusto de las cercas un regalo de los ojos. Eso ocurría siempre en abril.

Geraldo pensaba únicamente en el pozo de Noguerol y en que seguramente alumbraría el agua aquel día.

Las flores del pino reventaban en la altura. Eran como pequeñas mazorcas de maíz que hubiese sido tostado, y estaban repletas de un pelen amarillo, como la resina, abundante y leve, que se dejaba llevar por la brisa y pasaba en nubes apenas perceptibles y se posaba en las hojas y en la tierra festoneaba de amarillo los charcos. Millones de pinos enviábanse recíprocamente estos microscópicos mensajeros de fecundidad, y de ellos era sin duda el aroma con que se había perfumado el aire aquella mañana. Geraldo resumía:

«Aunque hoy encuentre el agua, no habré ganado nada con este pozo».

Al casarse, el hijo mayor de los Noguerol compró un saliente de la fraga, con lo que ya tuvo solar y madera; él mismo llevó después carretadas de piedras y fue arquitecto y albañil de su casa. Cuando se pensó en el pozo, llamaron a Geraldo y Geraldo eligió un lugar que a Noguerol le pareció excelentemente situado, y aseguró que no tendrían que profundizar más de cuatro o cinco metros.

Fue la primera vez que fallaron sus condiciones de zahorí. Cualquiera que sea el lugar donde se cave en aquella comarca, no tarda el agua en surgir; pero en esta ocasión, después de los seis metros, la tierra aparecía más seca que en la superficie. Cuando el agujero ahondó cuatro metros más, descubriéronse síntomas de que el agua estaba próxima, y aunque el trabajo resultaba duro y para Geraldo -que había contratado un precio invariable- no era ya buen negocio, continuó, preocupado de que su crédito se menoscabara. Noguerol exponía alguna vez su malhumorada sospecha de que aquel afán fuese inútil y aun proponía que se ensayase en otro sitio, pero Geraldo se obstinaba:

-Dije que aquí habría agua, y la habrá. Si el pozo es profundo, mejor para ti, que tendrás el agua más pura y más fresca de la parroquia.

La pierna de palo sonaba ahogadamente en el camino, y Geraldo no pensaba más que en su labor.

Después de pagar al ayudante, le quedaría muy poco dinero... «Toe, toe», hacía el regatón de madera... El milano estaba allá arriba, aleteando sin cesar, como si por la delgadez del aire en aquella mañana recién creada le costase más trabajo sostenerse. Un grupo de eucaliptos dejaba caer gotas de la escarcha nocturna por sus hojas corvas y de un gris azulado, como breves puñales moros. Junto a sus troncos, con un garrote sobre los muslos y un sombrero hundido hasta las cejas grises, estaba sentado un viejo, que a Geraldo le pareció aquel anciano labrador de Quintan que se había muerto hacía meses, al comenzar el otoño. Pero al fijar su atención, vio, naturalmente, que no era él, sino el señor Ramón, el de Crendes, que descansaba de su caminata liando un cigarrillo.

-Santos días nos dé Dios.

-Santos y buenos días.

Y siguió. La pierna de palo hacía sobre el estrecho veril, orillado de hierba joven:

«toe, toe». Ya estaba cerca de la casa de Juanita Arruallo y, como siempre que reparaba en ella, se acordó de Hermelinda. Hacía mucho tiempo que no la buscaba ya en La Coruña; por lo menos, que no iba a propósito a buscarla. Él no quería pensar que fuesen ciertas las hipótesis escandalosas que los aldeanos forjaban, ni creía que se hubiese marchado a ultramar. ¡Tanta gente había que, al abandonar el campo, desaparecía misteriosamente años y años mientras se apoderaba de ella un más o menos singular destino…! Se diría que alrededor de la aldea la tierra estaba como en falso y se tragaba a los que no acertaban a andar por ella. ¿Se supo alguna vez del marido de Antona? ¿Y del hermano de Esmorís? ¿Y de la pequeña Ludivina, reclamada por unos tíos que eran joyeros en Camagüey?

En lo profundo de una congostra chirriaba el eje de un carro, y tales modulaciones le imprimía la marcha desigual de los bueyes, que parecía cantar. Cándidas florecillas adornaban el borde de los senderos. Una chicuela avanzaba entre los sembrados, abrumada bajo un cestón colmado de hierba, y en aquella hierba cortada había florecillas también. No se veía el rostro de la niña desdibujado entre los verdes tallos colgantes, pero la primera impresión que recogió el mirar distraído de Geraldo fue la de que Pilara volvía, como tantas otras veces, a la casa de su dueña. Cuando miró de nuevo vio que era la más pequeña de las hijas de Gundín. Entonces rió:

«Hoy confundo a los vivos con los muertos».

Luego pensó que, cuando sucede así, un cristiano debe rezar un padrenuestro por el alma de los que ha creído ver, por si se han valido de aquel fugitivo engaño para pedir oraciones. Y apenas había terminado el rezo, llegó a la casita de Noguerol.

Charlaron y fumaron juntos un cigarrillo y examinaron con pesadez campesina las posibles causas de no haber hallado aún la vena acuática. Luego Noguerol marchóse a sus quehaceres y Geraldo cambió su traje por otro de faena y acercóse a la cabria aún con la colilla en los labios. La tierra amarilla se acumulaba en montones cerca del agujero. Bajaron el cubo y los útiles precisos para excavar. Y el joven, asido a la cuerda, apoyándose con su único pie, de cuando en cuando, en los maderos que aseguraban las paredes del pozo para evitar un derrumbamiento, descendió al fondo.

Diez metros ya, diez metros... No tenía fin. Verdad es que en las parroquias vecinas los había más profundos aún. La tierra parecía estar húmeda, y Geraldo sentía la corazonada de alcanzar el triunfo antes de la noche. Noguerol le había dicho:

-El día que aparezca el agua comemos juntos.

-Hoy -pensó Geraldo- no tendré que encender fuego.

Si miraba hacia arriba para ordenar algo a su ayudante, veía el cielo de otro color, y si se fijaba mucho, percibía vagamente alguna estrella desde tanta hondura. Atacó su labor con las precauciones necesarias, pero con prisa de acabar. Llevaría trabajando dos horas cuando ocurrió aquello...

Y fue que el hierro con que arañaba la tierra se hundió, sin encontrar resistencia, en la pared, y ésta cayó en un trozo como el que puede cubrir una boina, y se descubrió una oquedad. Evidentemente, próxima al pozo había una cueva formada por cualquier capricho geológico, y el débil tabique que la separaba del hoyo excavado por el pocero había sido taladrado por él. Estos casos se dan algunas veces. Para conocer la naturaleza y extensión de la cueva, Geraldo siguió derribando la pared lentamente, y cuando quedó tanto hueco que podía pasar por él, encorvado, avanzó la cabeza para mirar, pero estaba tan negro que no vio bien; entonces aventuró la herramienta para tantear, y aunque introdujo también el brazo, no encontró obstáculo ni tropiezo. Cautamente, con cuidado de no desmoronar ni una partícula, agachóse y entró.

La cueva no era muy ancha ni muy alta; le permitía erguirse en toda su estatura y continuaba como una galería; el suelo parecía apelmazado y descendía en suave pendiente.

Geraldo comenzó a pensar en la extraña existencia de aquel subterráneo bajo la fraga. Nunca había oído a nadie hablar de que hubiese galerías misteriosas en cualquier lugar de la comarca. Su curiosidad le empujaba insistentemente, y como juzgase muros y techo y piso perfectamente fuertes y trazados como para andar sin peligro, se aventuró a seguir, tanteando las paredes, que apenas presentaban humedad ni rugosidades.

Así anduvo... no sabía cuánto, porque la oscuridad y su propia emoción medían mal su avance. Ya pensaba en retroceder para pedir una linterna, cuando le pareció que, lejos, las tinieblas se aclaraban, y aunque al principio lo atribuyó a un engaño de sus ojos, a medida que adelantaba vio que un resplandor, tenue, existía en alguna parte, distante aún, del subterráneo.

Calculó que estaba próximo a la salida de aquel corredor y se avivó su afán de descubrir dónde afloraba, aunque desde luego calculó que la grieta que daba paso a la luz estaría disimulada entre roquedos del bosque e ignorada de todos, puesto que nadie la había aludido jamás.

La claridad fue aumentando y ensanchándose el corredor. Ya era posible distinguir sus paredes oscuras y el techo desigual, en el que los salientes alargaban sus sombras hacia atrás, en cabelleras peinadas por aquella luz suave. Aunque Geraldo abriese sus brazos, ya no podía tocar con ellos, como antes, ambos muros a la vez, porque divergían y se ampliaban. Todavía lejana, la luminosidad se acentuó: era de un tono rosado; pero como la tierra tenía un color amarillo se combinaba deliciosamente con él y alcanzaba esa aterciopelada calidad que sólo la pintura al pastel da algunas veces a la luz en sus mejores obras. Si el joven se detenía, un silencio tranquilo, sin amenazas, se hinchaba blandamente.

Una sombra apareció.

A diez metros de distancia, proyectada de derecha a izquierda, fue primero una manchita sobre el suelo apisonado; después se extendió -larga y fina, muy negra-, y cuando se dobló, siguiendo el ángulo del suelo con la pared y comenzó a subir por ella, Geraldo vio que formaba la silueta de un hombre.

El hombre estaba allí. Había surgido lentamente por una rama lateral de la galería, y se detuvo como esperándole. La rosada luz iluminaba su perfil. Era un anciano, cenceño sin demasía, erguido, ni alto ni bajo, envuelto en una hopalanda negra; la luz parecía henchir y ahuecar sus barbas y su cabellera blancas, quedarse en ellas como el agua en la fungosidad de una esponja.

Geraldo avanzó. El viejo le contemplaba con un mirar tranquilo, sin curiosidad y sin enojo, como si de antemano supiese que estaba allí y que habían de encontrarse. Al tenerle a su lado, le habló con voz suave y apacible, en la que no había ningún reproche, sino una especie de ternura recóndita:

-Has roto mi pared.

-Sí -confesó el mozo-, pero yo no sabía.

-¡Oh, no importa, no importa!

Volvió sobre sus pasos, por la rama lateral que lo trajera, y Geraldo le siguió. Todo parecía tan natural que el mismo joven no se admiraba de lo que ocurría.

Únicamente preguntó:

-¿Estamos bajo la fraga?

-Precisamente bajo la fraga -asintió el anciano.

-Nadie supondría esto.

-Es verdad.

Y siguieron. El techo se elevaba y se distanciaban las paredes. Aquella mezcla de rosa y oro se acentuaba y ponía en el alma una especie de beatitud. El suelo se había ido convirtiendo, sin que se notase la transición, en una superficie pulida, lustrosa, en la que las imágenes se reproducían invertidas y un poco confusas, y el espacio se hizo después tan amplio que Geraldo y su acompañante hubieran resultado imperceptibles si no les delatase su propia soledad, porque nada, ni un mueble, ni un objeto, ni una hierba, ni un grano de arena, nada ni nadie más que ellos se alzaban sobre el charolado pavimento, oscuro como el nogal encerado, liso como los mármoles del salón de un palacio, con reflejos dormidos y profundos como los de un estanque.

Así llegaron a un lugar con las mismas características del anterior, en el que había dos sillones y una mesa preparada para servir una comida.

El anciano le hizo sentarse frente a él, y sin más aviso surgió de alguna parte una hilera de criados portadores de fuentes de extrañas formas, que brillaban como si fuesen de plata y de

oro, y otros que llevaban ánforas de cristal tallado. Y detrás, hasta una veintena de músicos, como podía juzgarse por los instrumentos que acarreaban. Toda esta gente tenía forma humana, pero con singularidades nunca vistas entre la que mora en la superficie de la tierra. Así, algunos llevaban los ojos al extremo de unos pedúnculos, recordando vagamente las langostas y ciertos insectos; otros no tenían manos, sino que sus brazos -largos y flexibles como los de un pulpo
- terminaban naturalmente en punta; otros mostraban hocico en vez de boca. Entre ellos había quiénes miraban con unos ojos tan grandes que ocupaban casi toda la cara, y quiénes poseían un delgado cuello de más de un palmo, y quiénes llevaban la doble joroba de Polichinela. Mas a pesar de esta conformación extraordinaria, ninguno era repugnante y todos graciosos, como las figuras que suelen ilustrar los cuentos para niños. Vestían trajes arbitrarios, de colorines, maravillosamente armonizados y que no se parecían entre sí. Uno que tenía una barriguita de rana y unos pies de rana, era el único que iba descalzo; pero el color verde blanquecino y la delicadeza de sus dedos le hacían más elegante que si le hubiesen puesto zapatos. Ninguna cabeza se adornaba con pelo rubio o moreno, sino que todas las cabelleras presentaban tonos vivos -rojas o amarillas o verde manzana o azul-, hasta en aquellos que no disponían más que de un mechón alzándose sobre el cráneo como la llama en el candil. Eran en general tan pequeños que ninguno excedía de cuatro pies, pero los había tan diminutos que apenas medirían veinte pulgadas. Y acaso fuesen éstos los más deliciosos. En cuanto a los músicos, llevaban todos grandes anteojos redondos y unas casacas parecidas a las que fingen los élitros sobre el cuerpo de las cigarras, y del mismo color, lo que les daba alguna semejanza con ellas. Estos veinte servidores, en vez de acercarse a la mesa como los demás, se inmovilizaron a cierta distancia y apercibieron, dispuestos a tocar, sus instrumentos.

La comida fue tan copiosa como las que daba el cura de San Tirso de Mabegondo el día de la fiesta. Hubo sopa de fideos, y sopa de letras, y sopa de macarrones, y caldo de navizas, y pollo asado, y pollos en cazuela, y trozos de lomo de cerdo que rezuman una grasa dorada al ser cortados, y arroz con leche y canela, y bizcochos de Puentedeume. Hubo también otros manjares que Geraldo había visto alguna vez, pero nunca comido: el «turbante de langostinos», que un día admiró en el escaparate de un restaurante coruñés, y el pastel del salmón, que codició en el mismo lugar, tan decorativo, y el frasco de frutas en almíbar, que anheló en otro escaparate, porque cuando iba a La Coruña persiguiendo el azar de un encuentro con Hermelinda, deteníase con preferencia ante tales comercios y se le hacía agua la boca mientras pensaba: «Me agradaría comer de esto, pero debe de costar una fortuna. ¿A qué sabrá?»

Y he aquí que en aquella mesa había de todo cuanto había deseado gustar. Y eso que es tan difícil de hallar en las tabernas: un vino del Ribero de Avia auténtico, con su sabor fresco y su color levemente morado. Pero sirvieron asimismo champaña, que él había visto beber en el Bóreas a los accionistas de la empresa, y el tapón saltó esta vez tan alto que se perdió allá arriba, en la bóveda oscura, y no lo vio caer. Geraldo comía y bebía y estaba lejos de notar las molestias del hartazgo o de la embriaguez. Sentíase feliz y optimista, propenso a hablar y libre de preocupaciones. Si se dijese que no se acordaba ya del condenado pozo, acaso nadie lo creería.

En verdad, nunca se había encontrado tan bien. Los manjares estaban cocinados con tal pericia que jamás soñó que pudieran ser tan sabrosos. Su acompañante engullía tanto como él y de lo mismo que él, lo cual es muy agradable en una mesa. Y los músicos tocaban, por una venturosa casualidad, las mismas piezas que los del salón de Cecebre, y entre ellas, precisamente las que más y mejores recuerdos despertaban en Geraldo, porque eran las que estaban en boga cuando Hermelinda se marchó.

Apenas terminó el almuerzo comenzaron a vagar por el ámbito de aquel salón sin fin unos puntitos de luz de vivos y variados colores. Parecían chispitas de estrellas o piedras preciosas que se sostuvieran milagrosamente en el aire: unas eran rojas como rubíes y otras verdes como esmeraldas..., pero nunca una esmeralda ni un rubí brillaron tanto. Tenían los mismos puros y cegadores tonos que un prisma obtiene de la luz, y como se reflejaban en el lustroso suelo, aún era su efecto más cautivador. Al pasar una de ellas cerca de Geraldo comprendió lo que eran. Y eran esas arañitas que viajan por los aires colgadas del hilo que ellas mismas segregan y que se dejan llevar por las brisas hasta muy largas distancias. Las arañitas de aquel subterráneo pendían también de una hebra sutil y tornasolada; tenían patitas de oro y todo el cuerpo era de luz: una gotita de luz cada una.

Dos criados acercáronse a los comensales con bandejas colmadas de cajas de puros y de cigarrillos. Geraldo cogió un cigarro y permaneció indeciso; pero como si su anfitrión adivinase su deseo, le sonrió y animó con un movimiento de cabeza. Entonces el aldeano desprendió una hoja de papel de fumar, hundió sus dedos en una caja donde se ofrecía un buen tabaco negro picado, tomó una buena porción y se dispuso a liarlo, que es la delicia previa de un buen fumador. Reunió las partículas caídas en su traje y, adheridas a las manos, las devolvió a la caja y buscó la yesca. Había quedado en el traje, al cambiarlo. El viejo extendió la mano, cogió una arañita roja que pasaba lentamente y encendió su cigarrillo. Geraldo pinzó otra, azul como un zafiro, la aproximó al grueso cilindro que había elaborado, y el humo comenzó a salir... Los dos criados alejáronse. Tenían unos zapatos puntiagudos; uno vestía de plata y otro de oro, pero ambos llevaban una especie de cascos que en el uno copiaba las cápsulas de las bellotas y en el otro la semilla poliédrica de los eucaliptos, con su mismo tono verdegrís.

Geraldo dijo entonces, esparciendo sus miradas:

-Vive usted bien aquí.

Y el anciano asintió dulcemente:

-No vivo mal.

-Yo anduve algo por el mundo. No vi nada igual.

-No, no hay nada igual.

-Si he de ser franco -recapacitó el joven-, no conozco gran cosa de lo que existe en la tierra, pero en cambio he navegado mucho.

Se quedó retrepado en el sillón, mirando sin ver el espacio por el que resbalaban las arañitas de luz, y evocó:

-El mar enseña más que la tierra y es más diverso. Se le mira, se cierran los ojos, y cuando se vuelven a abrir, ya ha cambiado: aparece un reflejo o una ola o un temblor allí donde antes no lo había. Cuando no hay faena y se puede uno apoyar en la regla para contemplarlo, no se conoce el tedio y las horas pasarían sin que nos diésemos cuenta. A veces brilla como si fuese de metal, a veces es tan azul y tan tranquilo que parece que el barco va por un cielo que hubiese debajo del otro cielo. Es muy hermoso el mar.

-Es muy hermoso -apoyó el anciano.

-Yo trabajaba en un barco ballenero. Las olas entraban por una banda y salían por la otra. Toda la cubierta se hacía blanca y líquida; vertía después espuma como si fuese un gran vaso lleno de cerveza inclinándose sobre los labios del mar.

¿Era eso exactamente lo que decía Geraldo? La verdad es que él no sabía si hablaba o pensaba sin pronunciar palabras. Se entregaba hondamente al placer de la evocación sin reparar en si el anciano que asentía, sentado frente a él, le escuchaba con los oídos o le oía con los ojos profundos y dulces que tenía clavados en los suyos. Quizá Geraldo no dijo nada y su extraño anfitrión leía en su espíritu. Pero esto,

¿quién lo puede saber?

-Los mares por donde íbamos -seguía el joven- estaban solitarios. Por eso, sin duda, se refugiaban allí las ballenas. Alguna vez hemos descubierto rebaños de ocho, de once... Las delataban las nubecillas de su respiración, el vaho que expelían violentamente con un resoplido que no pude olvidar nunca. Vistas en tierra, nadie creería que aquellos cuerpos enormes tuviesen agilidad, ligereza, hasta gracia. Pero cuando se acercaban al Bóreas y se las miraba moverse entre dos aguas, desde el puente del timonel, había en ellas una belleza impresionante. Ni la más rápida embarcación las alcanzaría. ¿Sabe usted que tienen pechos como una mujer? No ubres de vaca o de cabra: pechos de virgen. Son cosas que hace Dios. Allá andábamos solos, nada más que ellas y nosotros en aquellas inmensidades. No me gustaba su muerte y hasta temo que haya de rendir cuentas en algún momento por haber ayudado a dársela. Si apartamos ese recuerdo, todos los demás ¡son tan hermosos!... [El mar, el mar...! Yo miro muchas veces el campo y los montes y el cielo desde mi casita del castro, y digo: «Ver esto bien vale las penas de la vida, pero el mar...»

Geraldo se interrumpió para reírse.

-Lo curioso es que esto lo pienso ahora que no soy marinero, y cuando lo era no me fijaba en ello, o si me fijaba, me repelían el mar y sus habitantes, la pesca y sus incidencias, y si tenía a bordo algún momento feliz, era aquel en que se avistaba el puerto. A medida que el tiempo aleja toda aquella vida, me parece más atrayente, aunque me haya costado una pierna. ¿Por qué será?

El anciano sonrió al contestarle:

-Una vez fue llevado un hombre a un lugar remoto y lo recorrió y lo encontró desagradable y feo, y pidió que le volviesen a su tierra. Y cuando ya estuvo en ella, alzó los ojos y descubrió en el cielo un astro resplandeciente cuyos rayos azules, si se entornaban los párpados, parecían llegar a nuestro suelo. «¡Qué magnífico mundo! - exclamó el hombre-. ¡Ahí sí que me gustaría vivir!» «Pues de ahí vienes ahora», le contestaron. Había estado en un lucero y sólo apreció su esplendidez cuando lo vio lejano y perdido.

-Así somos -reconoció Geraldo inclinando la frente.

Los criados y los músicos habían desaparecido ya. El inmenso recinto colmado de calma e indiferencia, como la eternidad, alejaba sus límites hasta donde no eran visibles. Geraldo miró al anciano.

-Pregunta -accedió éste sin que el joven hubiese hablado.

-Es usted muy bueno conmigo. No se ha incomodado por haberle roto la pared, y encima me regaló con esa comida incomparable. Estoy muy contento de haberle encontrado. ¿Quién podía pensar…? Pero ya que me autoriza a preguntarle, dígame: ¿vive usted siempre aquí?

-Siempre.

-¿Desde cuándo?

-¡Oh…! ¿De qué valdría saberlo?

Geraldo volvió a mirar alrededor y a lo alto.

-Esto es…, esto es enorme.

-A lo mejor, sí; a lo mejor, no.

-Nunca supuse que existiese algo igual bajo la tierra de la fraga, algo tan extraño. ¿Verdad que es extraño?

La voz del viejo era aún más afable cuando respondió:

-Quizá te parezca menos extraño si te lo explico.

-Explíquelo.

-Es posible -comenzó el anciano lentamente- que los campesinos tengan muchos defectos; tú los conoces. A veces, demasiado egoístas -¿qué hombre no lo es?-; a veces, un poco sórdidos; pero hay que pensar en que nunca es segura la cosecha... En todo caso su labor es la más natural y la menos corruptora de cuantas realizan los humanos. Cumple literalmente el castigo divino que condena a regar la tierra con el sudor para ganar el pan. Y a la tierra vive apegado, como una planta: como la caña o como el árbol. No viene y va como otros hombres, no arrastra un afán por el mundo, sino que lo clava en un lugar, y allí se queda. De tanto mirar al cielo para espiar las intenciones del sol y de las nubes, le viene el acordarse con frecuencia de Dios. Sucede que transcurre su vida sin que le sean asequibles esos pequeños placeres que adornan las de los demás; desde la cuna hasta el sepulcro, la monotonía marcha al lado del labrador, y es lo más duro que los años se señalan para él netamente, como por golpes de campana de los que no se pudiese desentender. Cada vez que el pájaro rehace su nido, ha pasado un año. El hombre que no es labriego puede rellenar ese año con muchas y variadas actividades. El campesino vuelve en enero a pisar las huellas del otro enero y en noviembre a recorrer el mismo surco que en noviembre, detrás de su arado. Lo que pasa fuera de su tierra casi no lo sabe y no lo ve. Si alguna vez va a un pueblo, su desconcierto -que mal acierta a esconder- le delata como a un ser alejado de las peculiaridades del presente. Porque el labriego está inmóvil en el área de todas las épocas. Y ellas cambian, y él no. Mil veces desean gustar alguna comodidad o alguna ventaja de la que oyen hablar más o menos vagamente, y no pueden; habría que ir a la ciudad, y el campo sujeta; habría que gastar dinero, y el campo lo concede apenas para vivir. Así, ellos son como hombres contra los que se hubiese dictado, sin merecerlo, una sentencia de inferioridad que les excluyera de esos goces, de esos descansos -aun los más honestos- que cada época inventa para sus hijos. No sería justo.

-No.

-Entonces se ha concedido que en los últimos segundos de la vida de un labrador sueñe que vive aquello que ambicionó vivir, que logre aquello que deseó alcanzar.

-¿Lo sueña o lo vive?

-Lo sueña o lo vive. ¿Qué más da? Lo vive. El viejo extendió su mano.

-Éste es el lugar al que vienen en ese instante. Los ojos de Geraldo se dilataron de asombro.

-¿Y qué piden?

-No piden nada; se les da lo que se sabe que quieren.

-¿Todo lo que quieren?

-Todo lo que han querido.

-¿Una comida como ésta, por ejemplo?

El anciano sonrió otra vez, indulgentemente.

-Muy pocos son los aldeanos que no ansiaron una comida como ésta, con todo lo que probaron y les gustó, y con todo lo que vieron y no probaron.

-Pero... ¿cómo se les ocurre comer, si están muriendo?

-Ninguno sabe que se está muriendo en ese segundo.

-Y ¿tanto les sucede en un segundo?

-En un segundo de tiempo cabe un siglo de ensueño. Geraldo alzó bruscamente la cabeza.

-.Sin embargo -dijo-, yo no voy a morir, yo estoy aquí porque entré por la pared del pozo.

-Sí, tú entraste por la pared del pozo -repitió dulcemente el anciano. Geraldo consideró, cruzando los dedos:

-¡Es asombroso, es asombroso! Nunca se podría imaginar algo parecido.

¿Quiere creer que el saberlo me ha puesto alegre, más alegre aún…? Y miro todo esto con mayor curiosidad que antes… ¿Hay otros sitios aquí, abajo…? ¿Me los enseña?

Sin haber terminado de hacer su demanda ya vio al anciano en pie, y le siguió. Anduvieron sobre el pulimentado suelo menos trecho de lo que se hubiera supuesto que era necesario para llegar a una pared donde se abría una puerta de trabajados mármoles. Cuando la transpusieron, encontráronse en una estancia de techo bajo, desprovista de adornos, de luz atenuada que producía en el espíritu una impresión de confidencia, de intimidad, de hallarse en lugar donde nadie habría de importunar con inesperada presencia. Era esa luz suficiente y suave de las alcobas.

A derecha e izquierda, a lo largo de las paredes, había grandes arcones, con las tapas alzadas, todos iguales y de maderas oscuras. Cuando Geraldo se acercó, vio que estaban llenos de monedas de oro, y otros, de monedas de plata, y algunos, de billetes de banco. Era una incalculable riqueza acumulada en aquellos depósitos. Como al azar, como estímulo, sugiriendo la idea de que no se otorgaba importancia a aquel tesoro y que se ofrecía sinceramente al que le apeteciese, algunos de los discos de metal estaban esparcidos por el suelo. Entre arcón y arcón había ollas de hierro aldeanas y ánforas de barro cocido. El fulgor, aquí blanco y allá amarillo, de las monedas justificaba el ansia de los avaros de hundir las manos entre ellas para gozar de ese placer, que equivale al de asir uno de los mayores poderes que inventaron los hombres.

-Muy pocos son -informó el viejo- los aldeanos que no hayan ansiado ocultar unas monedas en el fondo de un puchero.

Llegan a la sala en que estamos y cogen todas las que quieren. Unos llenan de oro esas ollas, y se las llevan; algunos prefieren billetes. Gozan acumulando esos trozos de papel o de metal... Es un afán inocente. Muchos no han logrado reunir en su vida ni las pesetas necesarias para comprar un buey.

Atravesaron este salón y entraron en otro que iluminaba la luz del día al penetrar por unos grandes balcones abiertos. Geraldo se asomó y divisó la extensión de fértiles campos enverdecidos. Apretadas plantas con sus diversas tonalidades daban a la tierra el más ubérrimo aspecto que hubieran contemplado nunca ojos de labrador. En los surcos, el agua de regadío trazaba fronteras para los sembrados. El joven se regocijó en aquella abundancia, y el viejo le explicó:

-Aquí disfrutan los que apenas tuvieron un puñado de tierra en un breñal y también los perezosos y los fatigados, los que hubiesen querido que con el mínimo esfuerzo o sin esfuerzo alguno, el suelo produjese cosechas magníficas; los que están ya cansados de luchar contra las dificultades, contra la escasez y contra los caprichos de la naturaleza. Todo lo que ves les es regalado, se encuentran como dueños de esta riqueza, y mientras se sientan a la sombra de un árbol o en un cerro desde el que dominan lo que pasa por ser su heredad, los surcos se abren, las semillas germinan, los tallos granan. Esto es también un sueño que frecuentemente crea la fantasía del agricultor. Pero ven, que aún has de conocer algo más curioso.

Y condujo a Geraldo a los balcones de una fachada lateral, y desde allí distinguió un vallecillo mantilloso, de ese color chocolate de las buenas tierras que, a primera vista, nada ofrecía de notable como no fuese la excelencia de su composición propicia a nutrir abundantemente los frutos. Un sol de verano vertía mansa y pródigamente su calor y su luz;

pero en el horizonte aparecía, como asentada sobre el confín de la tierra, una nube oscura, ingente montaña acuosa de bordes desflecados en niebla e hidrópico vientre con matices morados y pizarrosos.

El anciano volvió a componer aquella sonrisa bondadosa que parecía dar a entender que comprendía y perdonaba todas las humanas flaquezas.

-He ahí -dijo- donde se realiza la más frecuente y también la más imposible de las aspiraciones del labrador, el norte de los delirios, lo que siempre desea y nunca consigue. Los más sanos de corazón, los más sencillos, aquellos que se contentaron con su humildad hasta ensoñando y nada pidieron a las brujas de la imaginación, no dejan de venir en ese último segundo de su vida en que se les concede lo que apetecieron.

-Pero si no apetecieron nada.

-Esto, sí; esto lo apetecen todos los labradores del mundo: los que han sido, los que son y los que serán.

-¿Qué ocurre, entonces, en este sitio?

-En este sitio llueve o hace sol según el deseo del campesino y por el tiempo que le conviene; llueve una hora o una semana, o alumbra el sol un día o un mes, hasta que nuestro huésped piense que ya es bastante. Como ves, esta llanura es más pequeña que la otra, porque aquí no suelen venir los ambiciosos ni los holgazanes, sino los que hallan en el trabajo un placer y piden a Dios que no les falten nunca las fuerzas para cumplirlo; esos ancianos que no se resignan a reposar, esos jóvenes que roturan la tierra con tanto amor como fecundan a sus esposas, esas mujeres que escardan sus eras con el paciente cuidado con que despiojan las cabezas de sus hijitos... A los que realizan aquí su ilusión no les gustaría que las plantas creciesen sin intervenir con sus labores, ni que se esponjase la tierra sin recorrerla inclinados tras el arado. Su placer está en conseguir lo que difícilmente logran en la vida: que todo se produzca y resulte según sus deseos. ¿Comprendes?

-Sí, comprendo -habló Geraldo, enternecido.

Y siguió mirando el sol vivificante y la nube agazapada en la lejanía, pronta a acudir entoldando el cielo para verter el más eficaz de los riegos, en cuanto el labrador, enjugando su frente, pensase: «Ahora… ¡si el Señor quisiese mandar un poco de lluvia…!»

Al fin separóse del balcón y fue caminando, abstraído, hasta encontrarse en una terraza, en la que una escalinata ancha y blanca inducía a bajar el tendido y suave declive de sus peldaños, que ponían la última arista de su pulida nitidez en la enarenada plazoleta de un jardín. Al través de los arbustos y sobre sus copas se veía dormir el mar, un mar verde con escamas de oro. Geraldo avanzó despacio, con un deleite íntimo entre las flores nuevas y los bojes antiguos, gozoso de aquel aire que olía a alhelíes y a mar, y de algo deleitoso que había en la atmósfera y que quizá fuese la paz tan intensa que parecía sentirse físicamente en torno al cuerpo, grata y tibia y acariciante como una prenda de lana sobre la piel.

El anciano había desaparecido. Seguramente permanecía en alguno de los balcones para dejar que su huésped disfrutase a gusto las bellezas del lugar; lo cierto es que Geraldo no advirtió el momento en que se separó de él y cesó de verle. Ni le preocupó ese detalle… Paseaba lentamente en dirección a la costa, con un dulce afán

-sin impaciencia- de alcanzar la ribera.

Entonces vio a alguien que marchaba ante 61, también con andar sosegado. Era una moza y vestía a la manera aldeana; el pañuelo de seda caído sobre la nuca dejaba ver el casco de pelo leonado hendido por una raya al medio y apretado a la cabeza antes de reunirse en trenzas. Geraldo se detuvo, estremecido de sorpresa y delicia. Llamó:

-¡Hermelinda! ¡Hermelinda!

Y ella volvióse y se iluminó de alegría y le tendió las manos, como aquella vez en una calle de La Coruña.

Estaban juntos y no sabían qué decirse. Ya no importaban el jardín ni las flores, ni el mar a cuya orilla habían llegado. El joven balbucía frases que una inmensa emoción rompía en trozos antes de que llegasen a los labios.

-¡Qué suerte...! ¡He deseado tanto...! Siempre pensé en volver a encontrarte... Y ella callaba.

La tierra prestaba allí al océano el reposo de una ensenada y a derecha e izquierda alzábanse montes no muy altos, cubiertos de verdor. Cerca de donde la pareja estaba, ofrecíase un banco con elevado respaldar de mármol que parecía situado allí para contemplar el agua, y en él acomodáronse los jóvenes. Geraldo miró a su compañera largamente y sólo con verla temblaba su alma de felicidad. Repasó las facciones queridas: el leve fruncimiento que en los párpados y en los labios era como la inminencia de una sonrisa; los pómulos que libraban al rostro de su redondez y prestaban una extraña acentuación a su belleza; los grandes ojos del color verdegrís de las hojas de ruda... Y los ojos color de ruda le miraron también amorosamente.

-He ido a la ciudad muchas veces -confesó él- y fui y volví por todas las calles, esperando que en alguna aparecieses tú.

-Yo te aguardaba, Geraldo -murmuró ella.

-Y estuve donde estuvimos aquella noche, cerca del mar, y todas las sombras me parecían tú.

-Acaso pasé y no nos vimos.

-Cuando dijeron en la aldea que llevabas trajes caros, pensé en el señorito Luis, y la amargura y los celos roían día y noche mi alma, pero no te maldije.

-Nunca quise al señorito Luis. Mírame: soy pura y sencilla, como tú me prefieres, como tú me has soñado.

-También se creyó que habías muerto. Mi corazón me avisaba que no.

La moza se acercó más y apoyó la cabeza en su hombro. En una mezcla suave, todos los aromas del campo emanaban de ella: el del tojo y el de los pinos, el del humo de las «queiroas» en el lar y el de los bosques y los sembrados. Afirmó blandamente:

-Yo no soy la moza que te desdeñó, ni la que por amor a los placeres cedió a un afán culpable, ni la que se perdió para siempre en la muerte o en la muchedumbre de una gran ciudad lejana. Soy la Hermelinda que tú deseaste que fuese, la que sabe que no encontrará amor más dulce y más seguro que el tuyo; la que no ha de separarse nunca de ti.

Geraldo tenía lágrimas en los ojos. Había pasado un brazo sobre los hombros de la joven y acariciaba sus cabellos como los de una niña.

-Hermelinda -habló-, jamás esperé que me quisieras.

-¿Por qué?

-Soy pobre…

-No importa.

-Soy feo.

-Eres bueno y fuerte.

Él vaciló antes de exhalar su queja suprema, lo que más le martirizaba de su inferioridad.

-Tengo una pierna de palo, Hermelinda.

La amada hizo un mohín de mimoso disgusto.

-No me agrada esa broma.

Y Geraldo bajó los ojos y vio que su mutilación no existía y que sus dos piernas eran normales, completas y sanas, y se prolongaban hasta los borceguíes con tiras de cuero.

Sonrió, feliz, pero sin sorpresa. Nada le sorprendía ahora, ni su integridad física ni el amor de Hermelinda, ni el inexplicable escenario en que se encontraban. Tenía la impresión, vaga y confusa, sobre la que no meditaba, de que lo anterior era tan sólo una pesadilla, y el presente la realidad. La tibieza de la frente de la mujer junto a la mejilla le inundaba en dulzura.

-He pensado tanto, tanto -dijo-, y nunca llegué a saber que fuese tan dichoso un cariño. ¿Qué dices tú, Hermelinda?

-Sólo digo que te quiero, Geraldo.

Pasó un instante. El mar se había puesto de color acero y sus escamas de luz eran plateadas.

-Tendré que hacer una chimenea en la casita del castro. Porque viviremos allí. Y arrendaremos alguna tierra para trabajarla.

-Y alguna vez tendremos la herencia de mi tía y casi seremos ricos.

-Todo lo bueno, todo lo feliz vendrá a nosotros. Vino ya contigo.

Abismóse en la sensación inefable de aquel cuerpo amado que se recogía junto al suyo, sometido en ternura.

Lentamente el paisaje fue oscureciéndose, borrándose en una noche sin estrellas.

El mar se hizo negro y el aire azul de prusia.

-No te veo, Hermelinda.

Un soplo helado llegó de aquella hondura infinita que eran ahora el mar y el cielo reunidos en sombra.

-Tengo frío, Hermelinda. Acércate a mí. Quiero seguir sintiendo tu tibieza. Y las tinieblas crecían. Y aquel frío… aquel frío…

*

Por los caminos de la aldea la gente corría hacia la fraga. El pozo de Noguerol se había desmoronado poco después de que reanudasen aquella mañana las excavaciones. La noticia zigzagueó por las casas y por los sembrados. Había un grupito allá, en el extremo del bosque, rodeando el agujero obstruido por tierras. En el fondo, a diez metros de profundidad, estaba Geraldo, sepultado por el derrumbamiento. Algunas mujeres iban rezando mientras se apresuraban a llegar.

El aire delgado de abril se templaba al sol, que encendía todos los verdes de la aldea.

Era un día como los otros días del Señor.

ULTÍLOGO

Y transcurrieron los días. Y los años.

Y vino la Muerte y pasó su esponja por toda la extensión de la fraga y desaparecieron estos seres y las historias de estos seres.

Pero detrás todo retoñaba y revivía, y se erguían otros árboles y se encorvaban otros hombres, y en las cuevas bullían carnadas recientes y la trama del tapiz no se aflojó nunca.

Y allí están con sus luchas y sus amores, con sus tristezas y sus alegrías, que cada cual cree inéditas y como creadas para él, pero que son siempre las mismas, porque la vida nació de un solo grito del Señor y cada vez que se repite no es una nueva Voz la que la ordena, sino el eco que va y vuelve desde el infinito al infinito.

NOTAS

[1] - Pequeña agrupación de casas aldeana.

[2] - Abrenoite: el que abre la noche. Con este poético nombre se denomina al murciélago en algunas comarcas de Galicia.

[3] - Arruallo: rumbosidad, ímpetu presumido.

[4] - Sacho: azadilla.

[5] - Miñoca: lombriz de tierra.

[6] - Garrote rematado en un grueso nudo.

[7] - «¡Murió una vieja; dejó una manta! -¡Repartámosla! ¡Repartámosla!-

¡No…! ¡No…! ¡No…!»

Made in the USA
Middletown, DE
24 August 2017